SPUDASMATA IX

SPUDASMATA

Studien zur Klassischen Philologie und ihren Grenzgebieten

Herausgegeben von Hildebrecht Hommel und Ernst Zinn

Band IX

KLAUS SCHNEIDER

Die schweigenden Götter

1966

GEORG OLMS VERLAGSBUCHHANDLUNG HILDESHEIM

KLAUS SCHNEIDER

Die schweigenden Götter

Eine Studie zur Gottesvorstellung
des religiösen Platonismus

1966

GEORG OLMS VERLAGSBUCHHANDLUNG HILDESHEIM

© Copyright 1966 by Georg Olms, Hildesheim
Alle Rechte vorbehalten
Printed in Germany
Satz und Druck: Dr. Alexander Krebs, Weinheim/Bergstr.
Best.-Nr. 5101300

Meinen Eltern

VORWORT

Die Thematik der vorliegenden Untersuchung ergab sich aufgrund einer Seminararbeit, in der die Diskussion über das Problem des sogenannten Calculus Minervae in den „Eumeniden" des Aischylos nach ihrem geschichtlichen Verlauf darzustellen war. Für diesen ersten, so konkreten Hinweis auf die Bedeutung der Rhetorik in der griechischen Literatur sowie für alle weitere Förderung möchte ich meinem verehrten Lehrer, Herrn Professor D. Dr. Hildebrecht Hommel, an dieser Stelle meinen Dank aussprechen.

Die Arbeit wurde im Sommersemester 1963 von der Philosophischen Fakultät der Eberhard-Karls-Universität Tübingen als Inauguraldissertation angenommen.

Klaus Schneider

Böblingen, im März 1966

INHALT

Einleitung

1. Das religiöse Empfinden als Kriterium philologischer Interpretation   1
2. Die schweigenden Götter im Mittelpunkt der deutschen Griechenverehrung   6

Erstes Kapitel: Die schweigenden Götter entsprechen keiner Vorstellung
von göttlicher Vollkommenheit in griechischer Theologie

I. Platon

1. Platon und der religiöse Platonismus   15
2. Kritischer Überblick über den Stand der Forschung zur Frage nach
einer philosophischen Theologie Platons   19
3. Der vollkommene Mensch als „Gott" in der Dichtertheologie der
‚Politeia'   29
4. „Gott" ist mythische Prädikation des Einen, welches Ziel der Erkenntnis und ethische Norm zugleich ist   32
5. Der vollkommene Mensch und sein Verhältnis zur Sprachlichkeit .   42

II. Aristoteles

Der unbewegte Beweger als Vollkommenheitsideal an der Spitze des
aristotelischen Systems   46

III. Epikur

Die Götter Epikurs sind „nur" vollkommene Menschen wie die Götter
Platons und der Gott des Aristoteles   51

IV. Die bildende Kunst

Die Götterstatue als Verkörperung des Vollkommenheitsideals . . .   53

Zweites Kapitel: Die Verbindung von göttlicher Vollkommenheit und
Sprachlichkeit in der Diskussion der späteren Philosophenschulen . .   57

Drittes Kapitel: Die Entdeckung des vollkommenen und göttlichen Redens

1. Das Reden der Götter: die natürliche Mantik bei Poseidonios . . .   63
2. Das Reden des Menschen: das stille Gebet   68

Viertes Kapitel: Das Schweigen gehört zur Vollkommenheit der Götter und
der Menschen

I. Die Gnosis

1. Schweigen und kontemplative Andacht in religiösen Bewegungen
Ägyptens   70

2. Die Bedeutung des Schweigens bei den Neupythagoreern 72

3. Schweigen und Kontemplation in den gnostischen Lehren 73

II. Der Neuplatonismus

1. Philon von Alexandria
Der Umschlag vom Sehen zum Hören der Stimme Gottes 76
Das Schweigen des Menschen als Folge des sacrificium intellectus . 82

2. Plotin
Schweigen und Ekstase des Menschen vor dem Hintergrund philonischer und gnostischer Lehren 84
Das schweigende Schauen als das die Vollkommenheit nicht beein-
trächtigende göttliche Wirken 88

3. Proklos
Die Ekstase als absolutes Schweigen des Menschen 91
Das Reden der Götter als wirkendes Denken 93
Das Schweigen der Götter als Ausdruck dafür, daß Vollkommenheit
und Hinwendung zur Welt sich nicht ausschließen 95

Schlußbetrachtung 100

Stellenregister 104

Benutzte Textausgaben 110

Literaturverzeichnis 111

1. *Das religiöse Empfinden als Kriterium philologischer Interpretation*

Der wichtigste, seit dem Historismus gültige, Grundsatz für die Beschäftigung mit der antiken Literatur ist der, daß ein aus vergangenen Zeiten stammender Text nur auf dem Wege über die Wissenschaft verstehbar wird. Durch die historisch-kritische Methode wird erhellt, welche Bedeutung eine bestimmte Aussage für den Autor und seine Zeitgenossen auf dem Hintergrund mannigfacher zeitbedingter Gegebenheiten hatte. Verloren geht bei einer solchen Betrachtungsweise das Gefühl, daß etwa ein Text aus dem Altertum den heutigen Betrachter unmittelbar ansprechen könne und solle. Gerhard Krüger hat diesen Sachverhalt einmal folgendermaßen charakterisiert: „Das historische Verhältnis zur Vergangenheit setzt nicht nur voraus, daß die Vergangenheit vergangen ist, es wirkt offensichtlich auch selbst dahin, diese Inaktualität des Gewesenen zu befestigen und zu besiegeln[1]."

Der durch Werner Jaeger eingeleitete Versuch, von einer nur-historischen Betrachtungsweise wieder loszukommen, brachte es in der Folge mit sich, daß ein ebenfalls mit dem Historismus gegebener Gesichtspunkt allzu leicht vernachlässigt wurde: Da alles darauf ankam, sich von der durch den Gelehrtenfleiß des 19. Jahrhunderts so reich entfalteten antiken Welt wieder „etwas sagen zu lassen", geriet man in ein zum Teil sehr unkritisches „unmittelbares" Verhältnis zum griechischen Altertum[2]. Unkritisch insofern, als man zu wenig die historischen Bedingtheiten der eigenen geistesgeschichtlichen Situation berücksichtigte. Der Sprung über die Jahrtausende darf nicht vergessen lassen, daß die Voraussetzungen des eigenen Denkens zunächst einmal nicht im Altertum, sondern in den unmittelbar vorangegangenen geschichtlichen Epochen zu suchen sind. Außerdem muß bedacht werden, daß sich das natürliche System der

---

[1] G. KRÜGER, Die Bedeutung der Tradition für die philosophische Forschung, in Studium Generale IV 1951, S. 322.
[2] Vgl. dazu Ernst HEITSCH, Überlieferung und Deutung. Überlegungen zum Traditionsproblem, in Antike und Abendland IX, 1960, S. 19–38.

Geisteswissenschaften im 16. und 17. Jahrhundert, mithin vor dem Aufkommen des Historismus, herausbildete, jenes System, in dem aufgrund des Glaubens an das lumen naturale im Menschen der consensus omnium als Kriterium der Wahrheit gelten konnte[1]. Dem historischen Denken ist es nicht mehr möglich, die eigenen Kriterien unbefragt als „allgemein menschlich" anzusetzen, sich unbesehen bei seinen Urteilen auf den „gesunden Menschenverstand" und das „natürliche Empfinden" zu verlassen. Durch ein solches Vorgehen kann die Eigentümlichkeit eines Textes nicht entdeckt werden.

Diese Bemerkungen zur Wissenschaftstheorie sollen die Richtung angeben, die zur Problemstellung der vorliegenden Untersuchung führt. Das Thema „Die schweigenden Götter" spricht eine Gottesvorstellung an, die Ausdruck einer ganz bestimmten religiösen Erfahrung ist, und die zugleich für die Deutung griechischer Religiosität zentrale Bedeutung besitzt. Um das Gemeinte zu erläutern, soll von einem methodischen Ansatz ausgegangen werden, der sich in der Philologie als fruchtbar erwiesen hat, daß man nämlich die sogenannten Anstöße, die sich bei der Interpretation eines Autors ergeben haben, etwas genauer ins Auge faßt.

Das hierbei zu berücksichtigende Problem reicht bis in die erste Hälfte des 19. Jahrhunderts zurück; eine Lösung hat es bis heute nicht gefunden. Es handelt sich um die Verlegenheit des Interpreten, der versucht, der Gerichtsszene in den ‚Eumeniden‘ des Aischylos gerecht zu werden. In diesem letzten Stück der ‚Orestie‘ verschiebt Aischylos das Problem des vom Gott Apollon befohlenen – daher gerechten – und von Orest ausgeführten Muttermordes ganz auf die rechtliche Ebene: Recht steht gegen Recht[2], auf beiden Seiten Götter mit ihren gerechten Ansprüchen und Forderungen. Auf beiden Seiten ist zugleich Ausweglosigkeit. Da ist Apollon, der den Befehl erteilt hat, aber nicht mehr lösen und heilen kann; da sind die Erinyen, die Orest verfolgen müssen – den säumigen Rächer des Vaters ebenso wie den Muttermörder[3]. Ein menschliches Gericht soll über diesen

---

[1] Vgl. dazu Klaus OEHLER, Der Consensus omnium als Kriterium der Wahrheit in der antiken Philosophie und der Patristik, in Antike und Abendland X 1961, S. 103–129.   [2] Vgl. ‚Choephoren‘ V. 461: Ἄρης Ἄρει ξυμβαλεῖ, Δίκᾳ Δίκα.
[3] Vgl. Karl REINHARDT, Aischylos als Regisseur und Theologe, Bern 1949, S. 161; H. D. F. KITTO, Form and Meaning in Drama, London 1956, S. 57. Vgl. bes. noch ‚Choeph.‘ 283, wo Orest sagt: Ἄλλας τ᾽ ἐφώνει προσβολὰς Ἐρινύων / ἐκ τῶν πατρῴων αἱμάτων τελουμένας.

Streit der Götter entscheiden; zu diesem Zweck stiftet die Stadtgöttin Athens in ihrer Stadt den Gerichtshof auf dem Areopag, der dann auch in Zukunft dort bestehen soll. Der Urteilsspruch aber soll zugleich Ausgangspunkt dafür sein, daß Athene den Erinyen in neuer Weise, eingeordnet in die Polis, ihre verlorene Dike wieder zurückgeben kann[1].

So großartig der Gedanke, die ‚Orestie‘ in ausgleichender Versöhnung enden zu lassen, erschien, befremdlich blieb doch immer, daß gerade die Gerichtsszene, jenes „Meisterstück von Parteilichkeit und Ungerechtigkeit", wie Grillparzer fand[2], zur Lösung des Konfliktes führt. Unangemessen wirkt insbesondere das Auftreten der Gottheiten Athene und Apollon, die mit sophistisch-haarspaltender Argumentation ihren Standpunkt vor Gericht vertreten[3]. Auch Karl Reinhardt, der gelehrt hat, den Dichter Aischylos als „Regisseur und Theologen" zu sehen, vermag keinen Zusammenhang zwischen jenen sophistisch argumentierenden Göttern und der sonstigen theologischen Konzeption, die die Tragödien erkennen lassen, herzustellen: „Als Göttermimus scheint die Szene des Gerichts mehr ein Ausweichen als eine Beantwortung der letzten Fragen, jedenfalls keine Beantwortung aus jener Tiefe des Empfindens, deren Aischylos sonst mächtig ist. Wieviel ergriffener, religiöser (!), tiefer redet nicht der

---

[1] So Dieter KAUFMANN-BÜHLER, Begriff und Funktion der Dike in den Tragödien des Aischylos, Bonn 1955, S. 102ff. Vgl. U. VON WILAMOWITZ-MOELLENDORFF, Aristoteles und Athen II, Berlin 1893, S. 338ff.; Benjamin DAUBE, Zu den Rechtsproblemen in Aischylos' Agamemnon, Zürich und Leipzig 1938, S. 195f.; Walter NESTLE, Menschliche Existenz und politische Erziehung in der Tragödie des Aischylos, Tübinger Beiträge zur Altertumswissenschaft XXIII, 1934, S. 51f.; Friedrich SOLMSEN, Hesiod and Aeschylus, Cornell Studies in Class. Philology 30, 1949, S. 201f.

[2] Sämtliche Werke Bd. 16, S. 67 (Ausgabe von A. SAUER), zitiert bei REINHARDT, a. a. O. S. 145.

[3] Vgl. Bruno SNELL, Aischylos und das Handeln im Drama, Philolog. Suppl. XX, 1928 I, S. 141: „. . . so behält . . . diese Spitzfindigkeit doch etwas Peinliches. Der Versuch den Ausgang des Dramas durch Rechtsgründe zu sichern, ist etwas Sekundäres". Albin LESKY, Die Orestie des Aischylos, in Hermes 66, 1931, S. 210: „Wie so oft wird hellenischem Temperament die altercatio zum Selbstzwecke, und stets ist damit ein Absinken ins Äußerliche (!) verbunden". O. F. SCHOEMANN, Des Aischylos Eumeniden, Greifswald 1845, Einleitung S. 35, hatte sich schon ähnlich geäußert: „Es ist übrigens einzugestehen, daß diese Gerichtsszene für sich allein betrachtet etwas Unbefriedigendes habe. (Aischylos hätte hier all die Momente zusammenfassen sollen, die nur verteilt in der Trilogie sich finden . . .) Aischylos hat vielleicht Wiederholungen gescheut: doch scheint es in der Tat, als ob diese Scheu ihn diesmal das Rechte habe verfehlen lassen".

Zeushymnus im Agamemnon!"[1]. Diese Sätze lassen die ganze Problematik philologischer Interpretation zutagetreten. Denn zweifellos kommt hier das religiöse Empfinden ins Spiel; ein Werturteil wird gefällt, ohne daß das Kriterium angegeben wäre, das in den Stand setzt, die Anschauungen einer fremden und vergangenen Religion als mehr oder minder „religiös" zu bezeichnen. In den Forderungen, die man an den Text stellt, meldet sich ein bestimmtes Vorverständnis zu Wort: „Wo wir erwarten, daß das Spiel eine entschiedene Wendung ins Gedankliche, Tiefgründige nähme, da geschieht das Gegenteil. Statt breit und tief werden die Argumente spitz und stechend, richten sich mehr nach den Regeln des Agons als nach der Schwere des Konfliktes, werden theologisch nicht im mystisch hindeutenden, sondern im beschränkt wörtlichen Sinn. Wie gerne würden wir hier eins von den Worten Heraklitischer Prägung hören! Und wie wenig kommen wir dabei auf unsere Rechnung!"[2]

Reinhardts Worte verraten eine für historisches Denken gefährliche „Nähe" zum Text, die dazu verleitet, eine dem eigenen religiösen Empfinden befremdliche Vorstellung abzuwerten, die doch allem Anschein nach in der nun fast 2500 Jahre zurückliegenden Theologie des Aischylos ihren Platz hatte. Präziser gesagt: Von einem bestimmten Vorverständnis her werden die in einer zum Teil menschlich–allzumenschlichen Weise vor Gericht agierenden, redegewandten Götter – Wolf Aly hat in einer eingehenden Untersuchung die Rede Apollons als Spiegelbild eines „unbekannten Stückes altattischer Beredsamkeit" erkannt[3] – an die Peripherie der aischyleischen Theologie gedrängt. Man ist sicher besser beraten, wenn man sich den Grundsatz zu eigen macht, den Karl Kerényi vertritt: „Es ist offenbar, daß eine Erscheinung, die durch ihre Fremdartigkeit derart auffällt, zunächst als *charakteristische* Erscheinung verstanden werden soll, unabhängig davon, ob sie uns selbst religiös oder irreligiös vorkommt"[4].

---

[1] A. a. O. S. 153. Vgl. dazu Max POHLENZ, Die griechische Tragödie, Göttingen 1954², II S. 63 (zu I S. 123, 10): Reinhardt sei der Meinung, „daß das Ganze ein ‚Göttermimus' nach bestimmten Spielregeln ist. Ist das eine Lösung? Ist es aischyleisch?"

[2] Ebd. S. 151.

[3] W. ALY, Formprobleme der frühen griechischen Prosa, Philologus Suppl. XXI, 1929, III S. 29–44.

[4] K. KERÉNYI, Die antike Religion, Düsseldorf/Köln 1952², S. 154. Die Bemerkung bezieht sich auf das Lachen der homerischen Götter. Vgl. auch die methodologischen Bemerkungen zur exegetischen Situation in der protestantischen

Da es uns auf das als gültiges Kriterium erscheinende religiöse Empfinden ankommt, muß alle Aufmerksamkeit auf die zitierten Aussagen Reinhardts gelenkt werden. Die dort vorgetragene Auffassung besagt, daß Theologie sich vornehmlich in Hymnen ausspreche, die in einem „mystisch hindeutenden Sinne" „Tiefgründiges" verkünden. Das Wort „mystisch" soll nicht zu stark belastet werden, aber es verrät doch, welchen Weg man einzuschlagen hat, um der sich hinter Reinhardts Äußerungen verbergenden Gottesvorstellung näher zu kommen. Die Ausführungen Walter Rehms zu Goethes ,Iphigenie auf Tauris' können hier weiterhelfen: „Iphigenie ist in sich, in ihrer Seele still, weil ihr, der Priesterin, im Umgang mit dem Heiligen die Stille und ihre heilvoll beseligende Gewalt zuteilgeworden ist, die Stille der Götter, die selbst und gerade dann noch über ihr schwebt, wenn fremdes oder eigenes Leid ihre Seele beschattet" . . . „Als stille, reine, als schöne fromme Seele nur kann sie Orest entsühnen, sein Leid heilen, seine Unrast stillen . . ."[1]. Diese Sätze sind der äußerst aufschlußreichen Abhandlung „Götterstille und Göttertrauer" entnommen, in welcher Rehm darstellt, wie der im Pietismus des 18. Jahrhunderts lebendige und von Rehm letztlich auf die mittelalterliche Mystik zurückgeführte Gedanke, daß Gott in der Stille wohne und dem Menschen in der Stille begegne, zu einer der Grundanschauungen wird, die seit Johann Joachim Winckelmanns „Wiederentdeckung" des antiken Hellas die Deutung des Griechentums in Deutschland wesentlich bestimmen. Auf diese Entwicklung soll noch kurz eingegangen werden, um dann im Hauptteil der Arbeit zu klären, ob Rehm Recht zu geben ist, wenn er feststellt: „Nicht nur der Hesychasmus der Ostkirche und die deutsche Mystik des Mittelalters, sondern auch ihr geistesgeschichtliches Urbild, die platonisch-plotinische Gottes- und Schönheitslehre, weiß von diesen Bedingungen der Emanation und Erkenntnis Gottes und der höchsten Schönheit"[2].

Theologie von Ernst HEITSCH, Über die Aneignung der neutestamentlichen Überlieferung in der Gegenwart, ZThK. 54, 1957, 1, S. 77: „So muß man sich gelegentlich wirklich fragen, warum und in welchem Absehen dann noch über Geschichtlichkeit verhandelt wird, wenn doch die Phänomene, die diesen Fragen den Anstoß geben sollten, längst aus dem Blickfeld verschwunden sind, also nichts mehr da ist, was mit einem etwa gefundenen Geschichtsbegriff zu bemeistern wäre."
[1] W. REHM, Götterstille und Göttertrauer, in Götterstille und Göttertrauer, München 1951, S. 123; 125.
[2] A. a. O. S. 107.

5

2. Die schweigenden Götter
im Mittelpunkt der deutschen Griechenverehrung

Man charakterisiert jene „griechisch-deutsche Begegnung" im 18. Jahrhundert wohl am treffendsten, wenn man sie mit Wolfgang Schadewaldt[1] eine „Wendung in unserer neueren Religionsgeschichte" nennt. Winckelmanns Beschreibungen der Götterstatuen sind mehr als kunsthistorische Interpretationen, sie versuchen in hieratischem, hymnenartigem Stil – in „Prosahymnen" sagt Rodenwaldt[2] – das Ereignis einer göttlichen Epiphanie, als welche die Schau der Götterstatuen Winckelmann erschien, wiederzugeben: „. . . ich war in dem ersten Augenblicke gleichsam weggerückt, und in einen heiligen Hain versetzt, und glaubte den Gott selbst zu sehen, wie er den Sterblichen erschienen."[3] Für die der Schönheit geöffnete still betrachtende Seele wird die „stille" Götterstatue zum Gott selbst, weil deren vollkommene Schönheit die Seele unmittelbar ergriffen sein läßt[4]. Daß die Bestimmung „griechischen "Wesens, und das hieß für Winckelmann idealischen Menschseins oder göttlicher Vollkommenheit, als „edle Einfalt und stille Größe" an den Werken der bildenden Kunst, und insbesondere der des vierten vorchristlichen Jahrhunderts, abgelesen wurde[5], muß gerade angesichts der späteren Entwicklung und der prinzi-

---

[1] SCHADEWALDT, Winckelmann als Exzerptor und Selbstdarsteller, jetzt in Hellas und Hesperien, S. 657; vgl. ders. Hölderlin und Homer II, jetzt ebd. S. 729f. REHM spricht a. a. O. S. 107 von „verweltlichter Religion".
[2] Gerhart RODENWALDT, Θεοὶ ῥεῖα ζώοντες, S. 5. Vgl. SCHADEWALDT, Winckelmann und Homer, jetzt a. a. O. S. 630f.
[3] WINCKELMANN, Beschreibung des Apollo im Belvedere, Kl. Schr. S. 149, Vgl. SCHADEWALDT, Winckelmann und Homer, a. a. O. S. 628: „Hat Winckelmann überhaupt den späthellenistischen Torso, das Bildwerk des Leochares aus dem 4. Jahrhundert, hat er nicht vielmehr den Helden, den Gott beschrieben?"
[4] Vgl. SCHADEWALDT, a. a. O. S. 628; Ingrid KREUZER, Studien zu Winckelmanns Aesthetik, Winckelmann-Gesellschaft-Stendal, Jahresgabe 1959, S. 70f.; R. SÜHNEL, Die Götter Griechenlands und die Deutsche Klassik, Diss. Leipzig, 1935, S. 9.
[5] Zur Bedeutung der Plastik für Winckelmanns Griechenbild vgl. Ernst BERGMANN, Das Leben und die Wunder Johann Winckelmanns, München 1920, S. 4; W. REHM, Griechentum und Goethezeit, 3. Auflage München 1952, S. 41; Adolf BECK, Griechisch-Deutsche Begegnung. Das deutsche Griechenerlebnis im Sturm und Drang, Stuttgart 1947, S. 107.

piellen Anerkennung dieser Bestimmung bis hin zur Gegenwart, nachdrücklich betont werden. Es sei noch einmal an den Apollon in den ‚Eumeniden' des Aischylos erinnert; der Apoll im Belvedere, den Winckelmann beschreibt – „. . . aber sein Auge ist wie das Auge dessen, der den Olympus erschüttert, und in einer ewigen Ruhe, wie auf der Fläche eines stillen Meeres, schwebt."[1] – hat mit jenem kaum etwas gemein. Überhaupt ist Winckelmanns Urteil über Aischylos nicht uninteressant. Es klingt beinahe wie der Tadel, den man seit dem Altertum gegen die Redner vorgebracht hat, die mit ihrer Kunstprosa der Dichtung Ebenbürtiges zur Seite stellen wollten, während man heute die Folgen jener rhetorischen Bemühungen erst bei Euripides festzustellen pflegt. Das „Hochtrabende" und „Erstaunende" des Ausdrucks, sagt Winckelmann, sei bei Aischylos beherrschend, und durch „hohe Gedanken" und einen „prächtigen Ausdruck" sei er „mehr erstaunlich als rührend", er sei „weniger ein Dichter als ein Erzähler"[2]. So ist es nur folgerichtig, daß die griechische Literatur für Winckelmann erst mit dem vierten Jahrhundert v. Chr. ihren Höhepunkt erreicht: „Die edle Einfalt und stille Größe der griechischen Statuen ist das wahre Kennzeichen der griechischen Schriften aus den besten Zeiten, der Schriften aus Sokrates' Schule"[3]. Die Vermutung liegt nahe, daß Platons Polemik gegen die Rhetoren nicht unwesentlich dazu beitrug, das Ressentiment der deutschen „Griechen" gegenüber dem in der Gefolgschaft Ciceros stehenden romanischen Humanismus, mit seinem Bild von der „oratorischen Antike"[4], zu rechtfertigen und zu stärken. Um zu einer angemessenen Interpretation der Literatur des fünften vorchristlichen Jahrhunderts zu gelangen, käme es wahrscheinlich nur darauf an, die Hintansetzung alles Rhetorischen bei der Interpretation griechischer Texte als Resultat einer historisch bedingten Frontstellung gegen den römisch-romanischen Einfluß zu durchschauen. Zudem könnte es nützlich sein, Platons Gleichsetzung von Dichtern und Rhetoren etwas ernster zu

---

[1] Beschreibung des Apollo, Kl. Schriften S. 150.
[2] Gedanken über die Nachahmung griechischer Werke in der Malerei und Bildhauerkunst, Kl. Schr. S. 46 und Geschichte der Kunst des Altertums (Ausgabe von L. GOLDSCHEIDER, Wien 1934), S. 308. Vgl. Carl JUSTI, Winckelmann und seine Zeitgenossen I, S. 181.
[3] Gedanken über die Nachahmung, Kl. Schr. S. 46.
[4] Siehe REHM, Griechentum, S. 37.

nehmen, und nicht erst bei Euripides nach den „Einflüssen" der sophistischen Rhetorik zu suchen – auch auf die Gefahr hin, daß Aischylos und Sophokles uns dadurch „fremder" würden.

Für Winckelmann jedenfalls offenbart sich das Wesen der griechischen Götter in der sich in Schweigen vollziehenden Anschauung der sinnlich-anschaulichen Göttergestalten. Auf Seiten des Menschen verrät das Schweigen die „unmittelbare Wirkung des Gefühls des ‚numen praesens' selber", wie Rudolf Otto dieses Phänomen deutete[1]; die geschauten Götter selbst, deren Wesen einzig darin besteht, sich in ihrer Weltentrücktheit, Schönheit und Unbewegtheit anschauen zu lassen, sind von Schweigen umgeben. Wie in der Theologie Epikurs gewähren die Götter durch ihr bloßes glückseliges, selbstgenügsames Vorhandensein dem Menschen Glückseligkeit[2].

Der Einfluß Winckelmanns auf die deutsche Klassik ist überall spürbar[3], Ausdrücke wie „des Helios stille Majestät" oder „der Götter stille Schar" begegnen in Friedrich Schillers programmatischem Gedicht „Die Götter Griechenlands"; für Goethe wurde schon auf die „Iphigenie auf Tauris" hingewiesen, bezeichnenderweise steht bei Goethe die „stille Seele", also der Mensch, im Vordergrund.

Theologie aber, wie sie Karl Reinhardt vorauszusetzen scheint, findet sich in einzigartiger Weise bei Friedrich Hölderlin, der auf der einen Seite eine große Nähe zu Winckelmann erkennen läßt, etwa in dem Gedicht „An die Vollendung":

> Voll hoher Einfalt
> Einfältig still und groß
> Rangen des Siegs gewiß,
> Rangen dir zu die Väter[4].

---

[1] R. Otto, Das Heilige. Über das Irrationale in der Idee des Göttlichen und sein Verhältnis zum Rationalen, 11. Auflage, Stuttgart 1923, S. 81.
[2] Vgl. Rehm, Götterstille und Göttertrauer, S. 114. Zu Epikur vgl. unten S. (51 ff.) Winckelmann beruft sich bei der Beschreibung der schönen göttlichen Körper auf Epikur; s. Geschichte der Kunst, S. 160 f.
[3] Vgl. noch Richard Benz, Der Wandel des Bildes der Antike im 18. Jahrhundert, Antike und Abendland I, 1945, S. 108–120. F. Blättner, Das Griechenbild J. J. Winckelmanns, ebd. S. 121–132.
[4] Hölderlin. Sämtliche Werke. Stuttgarter Hölderlin-Ausgabe, herausgegeben von Friedrich Beissner, Band I, 1. Stuttgart 1946, S. 75. Ferner wird zitiert aus Band II, 1, Stuttgart 1951.

Auf der anderen Seite folgte er Wilhelm Heinse, der die „hohen Bildsäulen" allenfalls „wunderbar fremd-schön" fand[1], höchste Schönheit jedoch in der „unermeßlichen Natur" sah, „in den ungeheuren Weiten des Äthers mit ihren heiligen fruchtbaren Kräften, die bis in den kleinsten Staub sich regen und ewig lebendig sind."[2] Das Sinnlich-Anschauliche göttlicher Schönheit offenbart sich für Hölderlin in der lebendigen Natur. Glaubte Winckelmann sich im Schweigen des „Statuenwaldes" dem Göttlichen näher, für Hölderlin wird die gesamte Natur zum geweihten, heiligen Raum[3]. „Rings in schwesterlicher Stille lauscht die blühende Natur...", beginnt die „Hymne an die Freundschaft"[4]. Die Epiphanie der Götter ist anderer Art als bei Winckelmann, sie ereignet sich in der Natur:

> In milder Luft begegnet den Sterblichen,
> Und wenn sie still im Haine wandeln,
> Heiternd ein Gott[5].

Bei Hölderlin findet sich solch „Tiefgründiges" im „mystisch hindeutenden Sinn", so daß Walter F. Otto einmal sagen kann: „Das sind Worte, die auf Erlebtes hinweisen, das nach Begriffen sucht (!), um sich auszusprechen. Es wäre eine bedeutende Aufgabe, tiefer und tiefer in ihren Sinn einzudringen..."[6] Hölderlins Hymnen besingen „die Himmlischen, sie, die Kräfte der Höhe, die stillen"[7], die „goldene Götterruhe"[8], „die stillen Laren"[9], er fragt nach der „Unerkannten", die „wandellos in stiller Schöne

---

[1] W. Heinse, Sämtliche Werke hgg. von E. Schüddekopf, Leipzig 1902, Bd. IX, S. 297 (an Gleim, 1776).
[2] Ebd. S. 291. Über Hölderlins Verhältnis zu Heinse vgl. Kurt Hildebrandt, Hölderlin. Philosophie und Dichtung, Stuttgart, und Berlin 1939, S. 39f.; Paul Böckmann, Hellas und Germanien, in ,Von deutscher Art in Sprache und Dichtung' V, 1941, S. 393ff.
[3] Zum „Naturglauben" Hölderlins vgl. bes. P. Böckmann, Hölderlins Naturglaube. Iduna. Jahrbuch der Hölderlin-Gesllschaft, 1. Jg. 1944, S. 35–50. Walter F. Otto, Der griechische Göttermythos bei Goethe und Hölderlin, jetzt in Die Gestalt und das Sein, S. 183–210.
[4] I S. 162.
[5] ,Der Zeitgeist', I S. 300.
[6] A. a. O. S. 203.
[7] ,Der Archipelagus', II S. 103.
[8] ,Abbitte', I S. 244.
[9] ,Dem Genius der Kühnheit', I S. 177.

lebt"[1], er wartet auf die Zeit, da „wieder stilleweilend der Gott in goldenen Wolken erscheinet"[2], er preist die Stille selbst:

> Du, o du nur hattest ausgegossen
> Jene Ruhe in des Knaben Sinn,
> Jene Himmelswonne ist aus dir geflossen,
> Hohe Stille! holde Freudengeberin![3]

Und an Diotima sind die Verse gerichtet:

> Du, die Großes zu sehn und die schweigenden Götter zu singen,
> Selber schweigend mich einst stillebegeisternd gelehrt. . .[4]

Trotz des nicht zu übersehenden Unterschiedes zwischen der Götterlehre Winckelmanns und der Hölderlins, der im einzelnen noch genauer darzulegen wäre, läßt sich das Gemeinsame darin sehen, daß hier wie dort die religiöse Grunderfahrung die stille Schau der schweigenden Götter ist. Die Dichtung Hölderlins fand erst nach mehr als einem Jahrhundert durch die Bemühungen Norbert von Hellingraths, eines Schülers von Stefan George, in Deutschland volle Beachtung[5]. Die Auswirkungen dieser Entdeckung sind bis heute noch nicht historisch überschaubar. Das Bedeutsame daran ist dies, daß die Dichtung Hölderlins keineswegs als fremd und fern, sein Griechenbild nicht als neu und unbekannt aufgenommen wurde. Gerade in unserem Zusammenhang verdient die Tatsache Beachtung, daß etwa Rainer Maria Rilke dem religiösen Empfinden, das den schweigenden Gott verehrt, Ausdruck gibt, schon bevor er die Dichtung Hölderlins kennengelernt hatte. „Welche Stille um einen Gott!"[6], mit diesen Worten beginnt eines der späten Gedichte Rilkes. Doch schon im ersten Buch des „Stundenbuches", dem „Vom mönchischen Leben", aus dem Jahr 1899 – von Hellingrath hatte Rilke erst im Jahre 1910 in Paris kennengelernt[7] – begegnet das Wort „still" sehr häufig. Rilke spricht von der Stille der Seele:

---

[1] ‚An die Unerkannte', I S. 197.
[2] ‚Der Archipelagus', II S. 110.
[3] ‚Die Stille', I S. 42.   [4] ‚Elegie', II S. 73.
[5] Vgl. Hans Egon HOLTHUSEN, Rainer Maria Rilke, rowohlts monographien, Hamburg 1958, S. 112.
[6] Aus dem Jahre 1922; Sämtliche Werke, hgg. vom Rilke-Archiv, in Verbindung mit Ruth SIEBER-RILKE besorgt durch Ernst ZINN, II S. 468; vgl. REHM, Götterstille, S. 131.
[7] Vgl. Hans Egon HOLTHUSEN, a. a. O. S. 112. Herbert SINGER, Rilke und Hölderlin, Köln-Graz 1957, S. 20ff.

> Siehst du nicht meine Seele, wie sie dicht
> vor dir in einem Kleid aus Stille steht?[1]

Und er kennt das Schweigen und die Stille Gottes:

> Gott spricht zu jedem nur, eh er ihn macht,
> dann geht er schweigend mit ihm aus der Nacht[2].

Und vorher:

> Ich bete nachts oft: Sei der Stumme,
> der wachsend in Gebärden bleibt,
> und den der Geist im Traume treibt,
> daß er des Schweigens schwere Summe
> in Stirnen und Gebirge schreibt[3].

Hierher gehört auch das Bild des Schwans aus den „Neuen Gedichten":

> Während er unendlich still und sicher
> immer mündiger und königlicher
> und gelassener zu ziehn geruht[4].

Schließlich sei noch aus der ersten der Duineser Elegien angeführt:

> Nicht, daß du *Gottes* ertrügest
> die Stimme, bei weitem. Aber das Wehende höre,
> die ununterbrochene Nachricht, die aus Stille sich bildet[5].

Die zeitliche Nähe zu Rilke und auch zu Hölderlin dürfte vor dem Vorwurf bewahren, hier werde willkürlich nach einem überholten nur-lexikalischen Verfahren aus dem Zusammenhang Gerissenes nebeneinandergestellt. Der Empfindungswert dieser feierlichen Sprache, in der sich seit Winckelmann jene nicht- oder antichristliche, sich der „heidnischen" Antike zuwendende Religiosität ausspricht, ist uns zugänglich und in den angeführten Zitaten unmittelbar zu spüren. Das hier gültige religiöse Empfinden ist getragen von der Überzeugung, daß Stille und Schweigen den Bereich des Göttlichen auszeichnen, seine Göttlichkeit ausmachen.

---

[1] I S. 264.
[2] I S. 294.
[3] I S. 282.
[4] I S. 510.
[5] I S. 687.

In diesem Sinne hat noch einmal Walter F. Otto, in der Nachfolge Hölderlins, das Wesen der griechischen Götter gedeutet. Otto war Gelehrter, aber seine Schriften wird man nicht einfach „Sekundärliteratur" nennen dürfen. Gerade seine Aufsätze über Hölderlin, aber nicht nur diese, haben religiös-bekenntnishaften Charakter, sie legen Zeugnis ab von eigener religiöser Erfahrung. Sowohl darin als auch in ihrem Stil sind sie den Schriften des Kunsthistorikers Winckelmann vergleichbar. Die Kunstandacht scheint zu neuem Leben erweckt zu sein: „Wir alle kennen die griechischen Götter seit unserer Kindheit. Wir haben vor ihren Marmorbildern gestanden und einen Hauch überirdischer Seligkeit verspürt."[1] Doch das Zentrum wird an anderer Stelle markiert: „Das Wunder der griechischen Wiedergeburt ist nur Hölderlin."[2] Griechische Religion ist demnach fromme Naturverehrung; heilig und göttlich sind die Natur und die Naturgewalten, ihrer Schönheit wird der Mensch inne im reinen Anschauen. Im Gegensatz zum Menschen ist das Göttliche über alles Irdische erhaben und schicksallos, es ruht in einer ewigen Stille: „Still und mühelos ist alles wahrhaft Göttliche."[3] Im selben Aufsatz heißt es: „An dieser ewigen Stille geht der Mensch wie ein tönender Hauch, wie ein flüchtiger Gesang vorüber. Ergreifend spricht dies die sterbende Diotima im Hyperion aus: ‚Wie Harfenspieler um die Thronen der ältesten, leben wir . . . um die stillen Götter der Welt, mit dem flüchtigen Lebensliede mildern wir den seligen Ernst des Sonnengotts und der andern."[4] Das Sublime und Vergeistigte der Gottesvorstellung bei Otto lassen die folgenden Worte gut zur Geltung kommen: „Unser Urteil über diese Götterwelt hat sich allzuleicht beirren lassen durch kleine, der Hauptsache gegenüber sehr belanglose Züge der dichterischen Erzählung und daher das Entscheidende nicht in seiner Bedeutung erkannt: daß hier an ein Lichtreich in Ätherhöhen geglaubt wird, wo die Genien der Welt versammelt sind in der Glorie vollkommenen Seins."[5]

---

[1] OTTO, Die altgriechische Gottesidee, jetzt a. a. O. S. 117; vgl. auch S. 127.
[2] Der griechische Göttermythos bei Goethe und Hölderlin, jetzt a. a. O. S. 183.
[3] A. a. O. S. 199; vgl. ders., Die Berufung des Dichters, jetzt a. a. O. S. 299; 289; 307.
[4] Ebd. S. 200. Vgl. ebd. S. 199: „Nicht durch Besserung nähert sich der Sterbliche dem Ewigen, nicht durch Demütigung erweist er ihm die höchste Ehre, sondern durch Einkehr in das Element, das seines Wesens ist, in die Stille."
[5] Die altgriechische Gottesidee, jetzt a. a. O. S. 132.

Otto ist nicht der einzige, der im Anschluß an Hölderlin das Eigentümliche griechischer Religiosität zu fassen suchte[1]; doch ist man sonst gerade bemüht, auch das spezifisch Hölderlinsche zu sehen. Einen solchen Versuch hat vor kurzem Walter Bröcker unternommen: „Zwar bleiben", sagt er resumierend, „auch Hölderlins Götter menschlich, und sie müssen es, wie selbst der christliche Gott es muß, aber das *Allzumenschliche* der griechischen Götter kehrt nicht wieder, Hölderlins Göttergestalten bleiben transparenter, mehr im allgemeinen, *deutungsvoller*, sie sind eher Weltaspekte als innerweltliche Figuren."[2] Von einer tieferen inneren Betroffenheit her hat Otto Hölderlinsches und Griechisches nicht getrennt und ist damit zu einem Zeugen jener religiösen Haltung geworden, die auf die „Wendung unserer neueren Religionsgeschichte" im 18. Jahrhundert zurückgeht.

Gerade dies nun sollte der kurze Aufriß zeigen: daß es heute eine religiöse Tradition gibt, in der eine bestimmte Gottesvorstellung lebendig ist, die, mag sie auch „griechisch" heißen, zunächst von Winckelmann und nächst diesem von Hölderlin herzuleiten ist. Sie ist weitgehend verantwortlich für die Urteile, die im Bereich der Altertumswissenschaft das religiöse Empfinden fällt. Die Untersuchung hat nun die Frage zu beantworten, ob und wo sich die Vorstellung der „schweigenden Götter" in den vorhandenen griechischen Texten nachweisen läßt.

---

[1] Vgl. HILDEBRANDT, a. a. O. S. 40; S. 106 f.; REHM, Götterstille, S. 131; Griechentum, S. 342; SCHADEWALDT, Hölderlin und Homer I, jetzt a. a. O. S. 700, 703; 683 f.; ders., Hölderlins Übersetzung des Sophokles, jetzt a. a. O. S. 767–824.
[2] W. BRÖCKER, Die Auferstehung der mythischen Welt in der Dichtung Hölderlins, in Studium Generale 8, 1955, S. 324. Vgl. F. BEISSNER, An Kallias. Ein Aufsatz Hölderlins über Homer, in Hölderlin, Reden und Aufsätze, Weimar 1961, S. 37.

ERSTES KAPITEL
Die schweigenden Götter entsprechen keiner Vorstellung
von göttlicher Vollkommenheit in griechischer Theologie

I. PLATON
1. *Platon und der religiöse Platonismus*

Die Idee der „Griechheit", wie man später sagte[1], sah Winckelmann vorwiegend im vierten Jahrhundert v. Chr. vollendet. Da seine eigene schriftstellerische Tätigkeit da, wo er die Schau idealischer Schönheit in Worte zu fassen sucht, Platons „Prosahymnen" auf die Idee des Guten und Schönen zum Vorbild hat, liegt es nahe, bei Platon einzusetzen, zumal sich auf ihn die Vertreter jener religiös-ästhetischen Bewegung der Neuzeit berufen, die von Italien ausging, dann nach England hinübergriff und durch Vermittlung des Grafen Shaftesbury auch in Deutschland Fuß faßte[2]. Es sieht ganz so aus, als ob seit Platons Kritik an den naiv-anthropomorphen Gottesvorstellungen der Dichter nach und nach – im aneignenden Nachvollziehen späterer Generationen und Jahrhunderte – sich ein „reiner" Gottesbegriff herausbildete, der infolge der autoritativen Geltung der klassischen griechischen Philosophie, zumal unter dem theologischen Aspekt, als „griechisch" schlechthin galt und, soweit es möglich war, auch auf die von Platons Verdikt betroffenen Dichter sozusagen von einem tieferen Verständnis her übertragen wurde. Möglicherweise gehört also die Fähigkeit, überzeugend und gewandt zu reden, erst seit Platon nicht mehr zur Arete der Götter, während dies bei Aischylos ganz offensichtlich noch der Fall ist[3]. Für Euripides allerdings hat diese Gottesvorstellung ihre Realität bereits verloren; der „deus ex machina"

---

[1] Vgl. Friedrich SCHLEGEL, Über das Studium der griechischen Poesie, hgg. v. P. HANKAMER, Godesberg, 1947, S. 107 u. ö.
[2] Vgl. Richard HARDER, Plotins Leben, Wirkung und Lehre, jetzt in Kl. Schr., hgg. von Walter MARG, München 1960, S. 257–274.
[3] Auf die in den ‚Eumeniden' herausgearbeitete Antithese von Bia und Peitho hat R. P. WINNINGTON-INGRAM, A religious function of Greek Tragedy, in JHS. 74, 1954, S. 16–24 hingewiesen.

ist, in Hinsicht auf die Lösung des jeweiligen Konfliktes, nicht mehr von gleicher theologischer Relevanz wie die Göttin Athene in den ‚Eumeniden' des Aischylos.

Der Kritik Platons an den Göttern der Dichter kommt deshalb besondere Bedeutung zu, weil Platon insofern radikaler als seine Vorgänger mit der Tradition bricht, als er die alte Polis hinter sich läßt und ihre Theologen, die Dichter, von seinem Staate fernhält. Diese Kritik setzt bekanntlich schon mit Xenophanes ein. Aber erst nach dem Untergang der alten Polis – „Auch Xenophanes hat seine reinere Gottesidee noch mit der Polis und ihrer Ordnung in Zusammenhang gebracht", sagt Werner Jaeger[1] – lösen im vierten Jahrhundert die Philosophen die Dichter als Theologen endgültig ab. Diese neue Theologie, die natürlich frühere Ansätze mit aufnahm, ist geschichtlich wirksam geworden. Mit Platon kam eine Entwicklung zum Abschluß, derzufolge sich die Götter seit Hesiod am Maßstab der Dike ausweisen mußten, ein Maßstab, der aus der Notwendigkeit eines geordneten Zusammenlebens der Bürger in der Polis gewonnen, von Solon nachhaltig in den Vordergrund gerückt wurde, und der einen Aischylos veranlaßte, den überkommenen Mythos dieser politischen Tugend gemäß zu deuten[2]. Für Platon haben die Göttermythen ihre das Denken des Menschen angehende Wirklichkeit verloren, sie fordern nicht mehr zur Auseinandersetzung und zur „zeitgemäßen" Interpretation heraus. Platon sagte sich von ihnen los: „Der Mythos Platons", sagt Gerhard Krüger[3], „ist nicht mehr im alten Sinne Mythos. Die alten Götter werden unverständlich...". Sein Lob des Eros feiere „die Befreiung von den alten Göttern"[4]. Die in der ‚Politeia' niedergelegten Richtlinien für die Erziehung machen unter anderem die grundsätzliche Entscheidung notwendig, „daß an Dichtung nur Lobgesänge für die Götter und Preislieder auf die Tüchtigen im Staate Aufnahme finden

---

[1] JAEGER, Theologie der frühen griechischen Denker, S. 62; vgl. ebd. Anm. 46 auf Seite 249.

[2] Vgl. dazu Victor EHRENBERG, Die Rechtsidee im frühen Griechentum, Leipzig 1921, bes. S. 57 ff.; 83 ff. KAUFMANN-BÜHLER, a. a. O. S. 11 ff. SOLMSEN, a. a. O. S. 129 ff.

[3] KRÜGER, Einsicht und Leidenschaft, S. 24 f.

[4] Ebd. S. 29. Vgl. SOLMSEN, Plato's Theology, S. 20: „... by refusing to continue the process of refashioning them (sc. the Olympian deities), it was possible to discredit the gods altogether." Vgl. JAEGER, Paideia III, S. 321; FESTUGIÈRE, L'idéal religieux, S. 193; REXINE, Religion in Plato and Cicero, S. 53 f.

dürfen".[1] Denn nur so ist die Gewähr dafür gegeben, daß „das Gesetz und der jeweilige für das Gemeinwohl am besten befundene Gedanke" das Staatsleben lenken[2]. Platon erweist sich damit als Schüler des Mannes, dem seine Ankläger vorwarfen, er wollte „neue Götter" einführen: φησὶ γάρ με ποιητὴν εἶναι θεῶν, καὶ ὡς καινοὺς ποιοῦντα θεοὺς τοὺς δ' ἀρχαίους οὐ νομίζοντα, ἐγράψατο τούτων αὐτῶν ἕνεκα, ὥς φησιν, sagt Sokrates im ‚Euthyphron'[3], eine Eigenart, die später noch mit αὐτοσχεδιάζειν und καινοτομεῖν περὶ τὰ θεῖα[4] wiedergegeben wird. Kennzeichnend für den Umbruch ist dies, daß Aristophanes, der Vertreter der alten Polis, die gleiche Anforderung an die Dichtung stellt wie Platon, nämlich die, „die Menschen besser zu machen"[5], daß er jedoch die alten Dichter, den „göttlichen" Homer und Aischylos, lobt, Euripides aber sowie Sokrates, den – nach Friedrich Nietzsche[6] – eifrigsten Besucher seines Theaters, verurteilt.

Die Tatsache, daß Platon sich mit der überkommenen Mythologie auseinandersetzte und sie nach ihrem pädagogischen Nutzen für die Aufrechterhaltung der Gerechtigkeit im Staat befragte, konnte auch noch lange nach der Entdeckung des echten Platon durch Friedrich Schleiermacher den Eindruck erwecken, als ob Platon sozusagen programmatisch für den Bereich der Theologie den Übergang vom Mythos zum Logos markierte, als ob eben die Dichter-Theologie der philosophischen Theologie hätte weichen müssen. Unter Theologie wird man dabei eine Lehre verstehen, die über das Wesen eines höchsten Seienden, das Gott genannt wird, dogmatische Aussagen macht; in der die Bestimmung des höchsten Sei-

---

[1] ‚Pol.' X 606e–607a: χρὴ... εἰδέναι δὲ ὅτι ὅσον μόνον ὕμνους θεοῖς καὶ ἐγκώμια τοῖς ἀγαθοῖς ποιήσεως παραδεκτέον εἰς πόλιν. Vgl. ebd. III 398a–b; ‚Nom.', VII 817a–d.

[2] Ebd. 607a: εἰ δὲ τὴν ἡδυσμένην Μοῦσαν παραδέξῃ ἐν μέλεσιν ἢ ἔπεσιν, ἡδονή σοι καὶ λύπη ἐν τῇ πόλει βασιλεύσετον ἀντὶ νόμου τε καὶ τοῦ κοινῇ ἀεὶ δόξαντος εἶναι βελτίστου λόγου.

[3] ‚Euth.' 3b.

[4] Ebd. 16a; vgl. ‚Apol.' 24b–c.

[5] Vgl. ‚Frösche' 1008f.: ὅτι βελτίους ποιοῦμεν τοὺς ἀνθρώπους ἐν ταῖς πόλεσι. Und ‚Gorg.' 501e: ὅπως ἐρεῖ τι τοιοῦτον, ὅθεν ἂν οἱ ἀκούοντες βελτίους γίγνοιντο. Vgl. dazu Max POHLENZ, Die Anfänge der griechischen Poetik, in NGG. 1920, S. 142–178; ders., Furcht und Mitleid?, in Hermes 84, 1956, S. 49–74.

[6] NIETZSCHE, Die Geburt der Tragödie, Sämtliche Werke hgg. von Karl SCHLECHTA, 2. Auflg., Darmstadt 1960, I S. 76. Zur Dichterkritik Platons hat sich neuerdings Hellmut FLASHAR, Der Dialog Ion, S. 106ff. geäußert. Die wichtigste Literatur findet sich dort auf S. 106 Anm. 4 verzeichnet.

enden immer die Bestimmung des Verhältnisses zu den übrigen Seienden meint; die schließlich zur selbstverständlichen Voraussetzung hat, daß das Verhältnis des Menschen zum höchsten Seienden ein ausgezeichnetes sei. Daß Platon in diesem Sinne ohne Einschränkungen als Theologe angesprochen werden kann, wird heute zum Teil für nicht mehr so selbstverständlich gehalten. Solche Zweifel melden sich etwa in einer Bemerkung wie der von Heinrich Dörrie: „. . . ja ich möchte zur Diskussion stellen, ob überhaupt von einer Theologie bei Platon die Rede sein darf; mir scheint, wir dürften nur von theologischen Aussagen bei Platon sprechen, die auf induktivem Wege von den verschiedenen Ausgangspunkten her erreicht wurden."[1] Ganz offensichtlich ist also der von Schleiermacher eingeleitete Prozeß, Platon mehr und mehr von den seine eigene Philosophie verdeckenden neuplatonischen Zügen zu befreien, noch in vollem Gang. Denn sowohl der Mittelplatonismus als auch der Neuplatonismus kannten eine Theologie Platons[2].

Da Platon nun aber einerseits die Gottesvorstellung der Dichter ablehnt und dabei notwendig von bestimmten Kriterien, womöglich doch von einer eigenen Gottesvorstellung ausgehen muß, und er andererseits in späteren Zeiten wahrscheinlich nicht ganz grundlos zum Theologen bzw. Theosophen gemacht wurde, ist eine genaue Prüfung der Frage, inwiefern von einer platonischen Gottesvorstellung gesprochen werden kann, unumgänglich. Es wird sich zeigen, daß in den platonischen Dialogen ein bestimmtes Vollkommenheitsideal aufgestellt wird, das für alle spätere Philosophie bestimmend wurde. Jene eigentümliche religiöse Funktion aber, die dieses Vollkommenheitsideal noch und wieder für Winckelmann hatte, hatte sich erst in der Spätantike herausgebildet. Die Konzeption der schweigenden Götter ist bei den Philosophen des vierten vorchristlichen Jahrhunderts nicht anzutreffen, sondern erst bei den von den orientalischen Mysterienkulten und der Gnosis herkommenden neuplatonischen Theo-

---

[1] DÖRRIE, Vom Transzendenten im Mittelplatonismus, Sources de Plotin, S. 203. Vgl. VERDENIUS, Platons Gottesbegriff, S. 241: „Seine Theologie ist keine systematische Erforschung des Wesens Gottes, sondern ein gelegentliches Sprechen über das Göttliche." FEIBLEMAN, Religious Platonism, S. 125: „On the whole, where Plato was interested in religious questions, it was interest in everything religious except God."

[2] Vgl. DÖRRIE, ebd. S. 196; Proklos z. B. schrieb einen Kommentar Εἰς τὴν Πλάτωνος θεολογίαν.

sophen. Ein Wort also wie das des Plutarch – den übrigens neueren Forschungen zufolge gerade Winckelmann besonders hoch schätzte[1] –, daß die Menschen das Reden, die Götter aber das Schweigen lehrten: ὅθεν, οἶμαι, τοῦ μὲν λέγειν ἀνθρώπους, τοῦ δὲ σιωπᾶν θεοὺς διδασκάλους ἔχομεν, ἐν τελεταῖς καὶ μυστηρίοις σιωπὴν παραλαμβάνοντες[2], ein solches Wort findet sich bei Platon nicht; das Reden bzw. das Redenkönnen der Götter war nicht Gegenstand seiner theologischen Kritik.

2. Kritischer Überblick über den Stand der Forschung zur Frage nach einer philosophischen Theologie Platons

An einigen neueren Arbeiten soll nun im folgenden kurz aufgezeigt werden, wie sich die Frage nach dem platonischen Gottesbegriff heute darbietet. Ganz allgemein ist gegen die meisten einschlägigen Untersuchungen einzuwenden, daß sie, bedingt durch den von den Kirchenvätern eingeführten und heute noch wirksamen Gesichtspunkt der „praeparatio evangelica", zu wenig beachten, daß Platon in seinen Schriften nicht eine traditionelle Gottesvorstellung gegen Häretiker verteidigt hat, sondern von einem neuen Ansatz her Philosophie trieb.

James K. Feibleman[3] unterscheidet, orientiert am Demiurgen des ‚Timaios', im Denken Platons „the orphic version of idealism" und „the Greek version of realism"[4]. Der erste Ansatz erkläre für die platonische Philosophie die Annahme einer „übernatürlichen und hypothetischen anderen Welt", d. h. der Ideenwelt[5], analog für seine Religion die Vor-

---

[1] Vgl. SCHADEWALDT, Winckelmann als Exzerptor, jetzt a. a. O. S. 637–657.
[2] De garrulitate 8. 505f. Vgl. Jamblich Protrept. 21, symb. 6 p. 107 u. 112 PISTELLI: γλώσσης πρὸ τῶν ἄλλων κράτει θεοῖς ἑπόμενος. S. CASEL, De silentio mystico, S. 55f. Zur ἐχεμυθία der Pythagoreer vgl. unten S. 72f.
[3] FEIBLEMAN, Religious Platonism.
[4] Ebd. S. 68ff., S. 71ff. Vgl. FESTUGIÈRE, a. a. O. S. 189ff. Bedingt durch die christliche Tradition steht die Frage nach dem Verhältnis zwischen der Idee des Guten und dem Demiurgen häufig im Vordergrund. Vgl. BOVET, Dieu de Platon, S. 61; BREMOND, De l'Ame et de Dieu, S. 56; ders., Religion de Platon, S. 47; KRÜGER, a. a. O. S. 256f.; MORE, Religion of Plato, S. 119ff.; MUELLER, Plato and the Gods, S. 460.
[5] Ebd. S. 71.

stellung eines überweltlichen Gottes[1]; die zweite, sehr viel stärkere Komponente lasse die Ideen als eine „zweite natürliche, nicht aber übernatürliche Ordnung" erscheinen, mache Gott zum Vermittler, dessen Möglichkeiten beschränkt sind, und erkenne die Gestirne, die konkret, sichtbar und doch ewig sind, als Götter an, nicht aber die abstrakten Ideen[2]. Feibleman will in seinem Buch zeigen, wie im religiösen Platonismus später nur noch die „orphische" Seite zum Tragen komme, obwohl sie bei Platon selbst weniger beherrschend sei. Platons zwiespältige Haltung sei notwendige Folge des grundsätzlich undogmatischen Charakters seines Philosophierens[3].

Die Meinung, daß bei Platon Philosophie und Theologie auseinanderzuhalten seien, hatte schon Pierre Bovet vertreten, der zu dem Schluß gekommen war, daß Gott keinen Platz in der Ideenlehre Platons habe, und daß erst der späte Platon die vollkommene Seele der ‚Nomoi' als Gott anerkannt habe[4]. Für eine solche rein philosophische Ideenlehre hat sich neuerdings Willy Theiler ausgesprochen: „Platon hat auch bewußt darauf verzichtet, die Ideenlehre zu theologisieren."[5] Mag also diese Trennung einige Wahrscheinlichkeit für sich haben, von „a struggle between his religious faith and his philosophic insights"[6] wird man bei Platon nicht reden dürfen. Das ist sicher schon deswegen verfehlt, weil es so aktuell klingt. Feibleman begründet die Unterscheidung zwischen Philosophie und Theologie u. a. durch folgenden lapidaren Satz: „The Ideas are not personalities and the highest Idea is therefore not God"[7].

Gerade dieses Problem der Gleichsetzung der Idee des Guten mit Gott wird in der Dissertation von van Litsenburg wieder eingehend erörtert[7]. Er sagt im Gegensatz zu Feibleman: „The identification does not clash with God being a person, even less so when the God is identified with τὸ παντελῶς ὄν. We cannot but reject the neoplatonic interpretation of

---

[1] Ebd. S. 67 f.   [2] Ebd. S. 75.   [3] Ebd. S. 82.
[4] Bovet, a. a. O. S. 76 ff. und S. 178.
[5] Theiler, Plotin zwischen Platon und Stoa, Sources de Plotin, S. 71.
[6] Rutenber, Doctrine of the Imitation of God, S. 15.
[7] Feibleman, a. a. O. S. 75.
[8] Van Litsenburg, Got en het Goddelijke in de Dialogen van Plato. Der Verfasser setzt sich im zweiten Teil seiner Arbeit mit der gesamten einschlägigen Platonforschung auseinander (S. 102–180). Auch Rutenber gibt a. a. O. S. 10 einen Überblick der Kontroverse, ob Gott mit der Idee des Guten oder mit der Weltseele zu identifizieren sei.

Plato's doctrine"[1]. Doch infolge seines abwägenden Vorgehens kommt van Litsenburg zu folgendem Ergebnis: „In conclusion we have to grant that the main questions concerning Plato's theology do not as yet admit of any decisive answer. Worldsoul and Demiurg are undoubtedly called God; this cannot be said at all about the Idea of Good and the παντελῶς ὄν, although they form the apex of Plato's system"[2].

Bemerkenswerterweise rührt die Aporie offenbar nur davon her, daß von vornherein das Wort „Gott" als Bezeichnung für einen mit einem ganz bestimmten Inhalt gefüllten Begriff verstanden, und trotz Ablehnung der neuplatonischen Deutung eine Theologie Platons im herkömmlichen Sinne postuliert wird. Diese Möglichkeit besteht nicht mehr seit den Ergebnissen der Arbeiten von Jean van Camp und Paul Canart[3]. Zur Fragestellung heißt es da: „Les dieux et le divin interviennent à chaque instant dans l'oeuvre de Platon; c'est incontestable. Mais est-ce un motif suffisant pour penser que le philosophe avait de ce divin une idée susceptible d' entrer dans notres catégories d' un Dieu unique transcendant et personel?"[4] Die Interpretation aller Stellen, an denen das Wort θεῖος vorkommt, ergibt, daß man damit keinen terminus technicus in der Hand hat; es ist nur insofern ein eindeutiger Qualitätsbegriff, als es immer im Gegensatz zu ἀνθρώπινος gebraucht wird[5]. Das Resultat der Arbeit wird wie folgt formuliert: „L'étude a montré que le qualificatif θεῖος appliqué à des réalités d'intérêt philosophique, n'apporte jamais à la définition de celles-ci un complément indispensable. Il est impossible de lui assigner un contenu précis et technique."[6] So kann, um ein Beispiel zu geben[7], im ‚Phaidon' (85e) der Gesprächspartner Simmias die Seele unwidersprochen ein θεῖον nennen, obwohl er die Unsterblichkeit der Seele bezweifelt. Das beweist, daß das Wort θεῖος nicht notwendig den Begriff der Unsterblichkeit zum Inhalt hat; allgemein gesagt, das Wort θεῖος bezeichnet in gar keiner Weise einen Begriff, der für die philosophische Argumentation von Belang sein

---

[1]) Ebd. Summary, S. 212.
[2]) Ebd. S. 212; vgl. dagegen FEIBLEMAN, a. a. O. S. 109.
[3]) VAN CAMP et CANART, Le sens du mot ΘΕΙΟΣ chez Platon.
[4]) Ebd. S. 14.
[5]) Vgl. ebd. S. 71; 141; 234; 245; 413.
[6]) Ebd. S. 416.
[7]) Ebd. S. 63 ff.

könnte[1]. Man muß vielmehr, wie auf Grund einer Stelle im ‚Politikos'
(271 d), zu dem Schluß kommen: „Ce n'est pas θεῖος qui donne à un texte
sa valeur philosophique, c'est l'inverse."[2]

Unter Beachtung des genannten Gegensatzes θεῖος-ἀνθρώπινος sind der
Anwendungsmöglichkeit von θεῖος keine Grenzen gesetzt. Es wird rein
emphatisch gebraucht[3], bezieht sich im einfachen Wortsinn auf die mythologischen Götter[4], bezeichnet die verschiedenen Arten der Inspiration,
ohne daß dabei der inspirierende Gott eine Rolle spielt[5], ist schließlich
reichlich dort zu finden, wo es um die Ideenlehre geht oder um ein über den
menschlichen Möglichkeiten liegendes Ideal[6]. Daß der hier herausgearbeitete Sachverhalt unter Umständen weitreichende Folgerungen zu-
läßt, hat bereits Hermann Koller ausgesprochen: „Das Resultat der Untersuchungen ist eindeutig *negativ* für eine Theologie Platons . . . Das Studium
von θεῖος, d. h. überhaupt des religiösen Wortschatzes, gestattet keine
Begründung einer philosophischen Theologie. So weitreichende Schlüsse
wären jedoch erst gestattet, wenn auch das übrige religiöse Vokabular
Platons in die Untersuchung einbezogen würde. Dieser Notwendigkeit
verschließen sich die Autoren keineswegs."[7] Man darf wohl behaupten,
daß für den „Begriff" θεός die Geschichte der Platonphilologie, der es
bis heute nicht gelungen ist, eine eindeutige Universaltheologie aus den
Dialogen herauszukristallisieren, auf einen ähnlichen Sachverhalt hinweist.
Es wird heute auch sehr viel schärfer gesehen, welche Schwierigkeit darin
liegt, daß man sich mit der platonischen Theologie beschäftigt, jedoch mit
der eigenen Bewußtseinslage schlechterdings nicht hinter den jüdisch-

---

[1] Vgl. ebd. S. 416: „Θεῖος, en effet, n'est pas une pièce de l'argumentation, un
moment de la dialectique philosophique; il illustre seulement le terme de celle-ci."
[2] Ebd. S. 225; vgl. S. 93. Bei Aristoteles ist, im Gegensatz zu Platon, θεῖος ein
inhaltlich gefüllter Begriff, vgl. z. B. περὶ φιλοσοφίας Frg. 16 Ross: καθόλου γὰρ
ἐν οἷς ἔστι τι βέλτιον, ἐν τούτοις ἔστι τι καὶ ἄριστον· ἐπεὶ οὖν ἔστιν ἐν τοῖς οὖσιν ἄλλο
ἄλλου βέλτιον, ἔστιν ἄρα τι καὶ ἄριστον, ὅπερ εἴη ἂν τὸ θεῖον . . . τὸ δὲ θεῖον οὔτε
κρεῖττόν τι ἔχει ἑαυτοῦ ὑφ' οὗ μεταβληθήσεται (ἐκεῖνο γὰρ ἂν ἦν θειότερον) οὔτε
ὑπὸ χείρονος τὸ κρεῖττον πάσχειν θέμις ἐστί. Vgl. W. Jaeger, Aristoteles S. 161 f.
[3] A. a. O. S. 35: ‚Prot.' 315e; S. 99: ‚Phdr.' 239b u. ö.; s. S. 414.
[4] Ebd. S. 36f: ‚Prot.' 322a; S. 94: ‚Phdr.' 230a; S. 133: ‚Pol.' II 382e; s. S. 138ff.;
S. 414.
[5] Ebd. S. 39–54: ‚Ion' und ‚Menon'; S. 96ff: ‚Phdr.' 234d; 238c.
[6] Ebd. S. 75ff.: ‚Symp.' 206c, 206d, 208b, 209b, 211e.
[7] Koller, in Gnomon 29, 1957, S. 467.

christlichen Monotheismus zurückgehen kann[1]. Daß Platon im Grunde seines Herzens Monotheist war, ist eben nur eine Hypothese, wenn auch eine sehr verständliche Hypothese.

Unter den vielen Versuchen, eine philosophische Gottesvorstellung bei Platon zu fassen, führen diejenigen sehr viel weiter, die einerseits die Ideenlehre nicht ausklammern, sondern mit innerer Konsequenz in der höchsten Idee, in der des Guten, auch den höchsten Gott Platons sehen, andererseits „Gott" dabei nicht als persönliches Wesen verstehen. Eine solche Identifizierung, gegen die immer der Einwand erhoben wurde, daß die Idee des Guten im sechsten Buch der ‚Politeia' nicht „Gott" genannt werde, hat neben Werner Jaeger besonders A. J. Festugière vertreten: „. . . qu'ainsi la source de l'être, le Bien-Un-Beau, est ainsi la source du divin: en droit, nécessairement, elle est Dieu."[2] Ähnlich sagt Gerhard Krüger, ein „wahrer Gott" könne für Platon nur jenseits der Welt sein, „dort wo im ‚Staat' das Gute, in der höchsten Weihe des ‚Symposions' das Schöne sichtbar wird"[3]. In jüngster Zeit hat W. J. Verdenius[4] diesen Ansatz wieder aufgenommen; er will außerdem den „beschränkten Gesichtspunkt einer speziellen Gesprächssituation" berücksichtigt wissen, die dem Gottesbegriff eine relative Bedeutung verleiht, d. h. der Gott, von dem jeweils die Rede ist, sei jeweils Gott schlechthin. Man müsse mit einer Gottesvorstellung rechnen, nach welcher das Göttliche zugleich in verschiedenen Formen erscheinen könne[5]. Verdenius scheint aber gar nicht gemerkt zu haben, daß er sich selbst widerspricht, wenn er seine Ausgangsposition durch eine Art Syllogismus – er greift damit eine Überlegung Jaegers auf – zu gewinnen sucht[6]. „Gott ist das Maß aller Dinge" (‚Nom.' IV 716 c), wird als Fundamentalsatz platonischer Theologie angesetzt. Ob damit ein persönlicher Gott gemeint sei oder nicht, wird von ‚Timaios' 31 b

---

[1]) Vgl. van Camp und Canart, a. a. O. S. 13 f.; Festugière, L'idéal religieux S. 175 ff.; van Litsenburg, a. a. O. S. 211; Merlan, Studies in Epicurus and Aristotle, S. 69.

[2]) Festugière, Comtemplation et vie contemplative, S. 360. Er nimmt eine neue Art religiösen Erlebnisses bei Platon an: „Que cette contemplation équivaille au sommet de la religion, que l'acte de voir le Bien soit le plus haut acte de culte . . ." (ebd.).

[3]) Krüger, a. a. O. S. 152.

[4]) Verdenius, Platons Gottesbegriff, in Fondation Hardt I, 1954.

[5]) Ebd. S. 245, 247, 244.

[6]) Ebd. S. 242.

und 37 d her beantwortet: Der Demiurg blicke auf das höchste Prinzip der Ideenwelt, folglich sei nicht der Demiurg das Maß aller Dinge und somit Gott, sondern das höchste Prinzip. Ein solches Verfahren verbietet sich aber, wenn man auf den „beschränkten Gesichtspunkt" des jeweiligen Dialogs hinauswill. Die Deutung von Verdenius läuft darauf hinaus, daß hinter den Aussagen Platons wiederum ein – nur nicht greifbares – System vermutet wird: „Platon (unterläßt) es, den Grad der Göttlichkeit von Fall zu Fall genau zu bestimmen. Er spricht einfach von ‚Gott' und überläßt es dem Leser, den jeweiligen Göttlichkeitswert aus dem Kontext abzuleiten."[1]

Besteht also eine Schwäche des Aufsatzes darin, daß das an sich fruchtbare Prinzip, den „beschränkten Gesichtspunkt einer speziellen Gesprächssituation" zu beachten, nicht konsequent angewandt wird, so kommt durch die Vermutung, daß man doch mit einer bestimmten theologischen Konzeption zu rechnen habe, z. B. noch hinzu, daß Verdenius gezwungen ist, eine Aussage wie die, Gott sei der Schöpfer der Idee[2], für eine nur „für den Augenblick gebildete Fiktion" zu halten, der „dogmatische Bedeutung" abzusprechen sei[3]; daß er sich zu der etwas verlegen klingenden, schon zitierten Auskunft über die Aufgabe des Lesers bei der Platonlektüre veranlaßt sieht; und, wenn Platon im ‚Timaios' (92 c) auch einmal vom ideellen Muster der sichtbaren Welt als *dem* intelligiblen Gott spricht, so habe er „natürlich" gewußt, „daß der höchste intelligible Gott die Idee des Guten war"[4].

---

[1] Ebd. S. 247. Vgl. VAN LITSENBURG, a. a. O. S. 199: „Wij zijn geneigd hem (sc. de Demiurg) te identificeren met het Model, maar dit blijft interpretatie."

[2] ‚Pol.' X 597 b.

[3] VERDENIUS, a. a. O. S. 273. Entgegen dieser auch sonst vertretenen Auffassung der Stelle ist VAN LITSENBURG für ein wörtliches Verständnis eingetreten; vgl. a. a. O. S. 25 ff., S. 192 ff. Nach Hans M. WOLFF, Plato. Der Kampf ums Sein, Bern 1957, S. 303 f., markiert dieser Satz gar den tiefgreifenden Umbruch des späterhin mehr und mehr der Skepsis verfallenden platonischen Denkens. Hier sei „das Urprinzip, die Idee des Guten, durch Gott ersetzt worden" (S. 200). Durch die Einführung Gottes sei aber der Zweck der Ideenlehre hinfällig geworden, der darin bestanden habe, „zu erweisen, daß der Intellekt aus eigenem Vermögen letzter Gewißheit teilhaftig werden kann" (ebd.). Es ist kennzeichnend für die ganze Fragestellung, daß einer solchen mehr beiläufigen Aussage derartiges theologisches Gewicht beigemessen werden kann oder muß, sofern man ein theologisches System herausarbeiten möchte.

[4] A. a. O. S. 245.

Etwas anderes aber ist bedeutsam. Die Charakterisierung jenes unpersönlichen, höchsten Gottes durch Verdenius als eines Wesens, das sich selbst genug ist, sich auf seine eigene Superiorität konzentriert[1], zu dem der Mensch sich hingezogen fühlt, das sich anschauen und bewundern läßt, dem es aber gleichgültig ist, ob der Mensch das Ziel seines Strebens erreicht oder nicht[2], trifft genau die Sicht der Götter, wie sie auch sonst im vierten Jahrhundert nicht nur bei Aristoteles und Epikur, sondern auch in der bildenden Kunst, etwa bei Praxiteles oder Leochares, Ausdruck gefunden hat, und deren kongenialer Interpret Winckelmann wurde. Eine Schwierigkeit bleibt auch hier bestehen. Mit den in den ‚Nomoi' (X 899 d bis 906 d) eingeführten Göttern läßt sich diese Gottesvorstellung nicht vereinbaren. Verdenius meint, nur in seinen „niederen Erscheinungsformen" offenbare sich der höchste Gott „mehr persönlich"[3]. Wie nahe er damit allerdings einer Emanationslehre kommt, zeigt der Satz: „Diese Personalisierung ist nicht in dem höchsten Prinzip als solchem angelegt, sondern sie entsteht erst bei seinem Niederschlag in die Welt des Mannigfaltigen"[4].

Wenn gerade zum Ausdruck gebracht wurde, daß die inkonsequente Art, in der Verdenius mit der von ihm selbst aufgestellten These verfährt, als Mangel empfunden wird, so wurde schon von der Platon-Deutung her argumentiert, die von Hans Joachim Krämer[5] vorgelegt wurde. Alle Stellen, an denen Platon von einer genauen Bestimmung des höchsten Göttlichen oder des obersten Prinzips Abstand nimmt, beweisen nach Krämer in Verbindung mit den bekannten Sätzen im ‚Phaidros' (276 c ff.) und im siebenten Brief (341 b–e), daß „zum wenigsten für die Prinzipienlehre eine grundsätzliche Scheidung zwischen Exoterischem und Esoterischem" vorliege[6], d. h. „das in den Dialogen erklärtermaßen Ungesagte ist nicht schlechthin unsagbar, sondern nach den deutlichen Angaben des VII. Briefes ... von Platon mündlich weitervermittelt worden"[7]. Solches

---

[1] Ebd. S. 256.
[2] Ebd. S. 257.
[3] Ebd. S. 268; 279.
[4] Ebd. S. 268.
[5] KRÄMER, Arete bei Platon und Aristoteles.
[6] Ebd. S. 24.
[7] Ebd. S. 26; vgl. S. 24; S. 27, Anm. 27 (auf Seite 29); S. 401 Anm. 38; S. 465 Anm. 169.

Ausweichen wurde sonst als Ausdruck religiöser Scheu und Bekenntnis der Unmöglichkeit einer vernunftgemäßen Aussage gewertet[1]. Die Schwäche des Logos[2], meinte man, lasse Sokrates bzw. Platon zum Mythos übergehen[3].

Wenn man Krämer auch nur zögernd bei der Rekonstruktion eines strengen esoterischen Systems folgen kann[4], so ist doch der These, daß der Gehalt der platonischen Schriften nur „die Außenseite des Systems" sei[5], grundsätzlich zuzustimmen. Denn das Entscheidende daran ist, daß die wichtigen Aussagen im ‚Phaidros' und im siebenten Brief ernst genommen werden. Dadurch wird ein Agnostizismus – in Hinsicht auf die Theologie heißt das, Gott ist nicht vernunftmäßig faßbar, sein Wesen kann daher nicht diskursiv erörtert werden, d. h. Gott ist ἄρρητος – ein solcher Agnostizismus, der, wie H. A. Wolfson[6] und Hans Jonas[7] überzeugend nachgewiesen haben, erst für den „Platoniker" Philon von Alexandria aktuell war, wird von der Philosophie Platons mit Recht ferngehalten. Platon sei sehr wohl, meint Krämer, zu einem „letzten Positiven" vorgedrungen, „der systematische Horizont" aber, „in dem die einzelnen Weisen des Geordneten und Maßhaften stehen, liegt . . . jenseits der Dialoge"[8]. Allerdings hält auch Krämer daran fest – und damit bleibt er dem traditionellen Platonismus treu –, daß Plotin, also der religiöse Neuplatonismus, Platons Denken näher stehe als Aristoteles: „Der ‚Seinsgrund', der bei Platon, sich entziehend, bis zur Grenze des Denkbaren zurückgetreten erscheint, rückt so bei Aristoteles der Welt, dem Denken wieder näher und besteht demgemäß nicht mehr (!)

---

[1] Gemeint sind vor allem die Stellen ‚Pol.' VI 506d, 509c; ‚Soph.' 254c; ‚Polit.' 284d; ‚Tim.' 28c, 48c, 53d. Vgl. van Camp und Canart, a. a. O. S. 420f.; van Litsenburg, a. a. O. S. 186, 169, 200.

[2] Vgl. Ep. VII 343a.

[3] Vgl. Paul Friedländer, Platon, 2. Auflg. Berlin 1954, I S. 220; Gaiser, Protreptik und Paränese, S. 193; Hoffmann, Platonismus und Mystik, S. 61; ders., Platon, S. 37; 53; More, a. a. O. S. 199; Karl Reinhardt, Platons Mythen, in Vermächtnis der Antike, Göttingen 1960, S. 281; Verdenius, a. a. O. S. 267.

[4] Die Annahme, Platon sei Systematiker gewesen, ist wohl mit W. Perpeet, Philosophische Rundschau 10, 1962, S. 270f., als Postulat Krämers zu bezeichnen, das dessen eigenen philosophischen Standort sichtbar macht.

[5] Krämer, a. a. O. S. 469.

[6] Wolfson, Philo, II S. 111f.

[7] Jonas, Gnosis und spätantiker Geist, II 1, S. 74ff.

[8] Krämer, a. a. O. S. 472.

ἐπέκεινα τῆς οὐσίας, sondern als πρώτη οὐσία (Metaph. Λ 1073a 30, vgl. 24). Es ist in diesem Zusammenhang bemerkenswert, daß Plotin, sofern er an das Λ der ‚Metaphysik' anknüpft, das platonische Eins dem νοῦς des Aristoteles überordnet (z. B. Enn. VI, 7, VI 9)"[1]. Ob diese Deutung nicht doch wiederum eher der neuplatonischen Tradition verhaftet bleibt, als daß sie dem platonischen Denken gerecht wird, wird noch zu erörtern sein[2]. Zwischen Krämer und Verdenius läßt sich insofern eine Verbindung herstellen, als jener von „Aspekten" der Prinzipienlehre spricht, die sich „mit mehr oder weniger Ausschließlichkeit" darbieten, wie etwa der allgemeinontologische im ‚Parmenides' und der axiologische in der ‚Politeia'[3], während Verdenius von der Idee des Guten als „universalem Ordnungsprinzip" ausgeht, so daß z. B. „der Demiurg als ein spezieller Aspekt, nämlich als der kosmogonische Aspekt des höchsten Gottes (erscheint)"[4]. Wie vergeblich jedoch das Unterfangen ist, diese einzelnen Aspekte gegeneinander abzuwägen und daraus ein theologisches System zu konstruieren, hat die Arbeit von van Litsenburg – eingestandenermaßen – noch einmal demonstriert: „Van de andere kant zijn es de Idee van het Goede en τὸ παντελῶς ὄν, die beide zoveel overeenkomst hebben met wat wij onder God verstaan. Plato noemt geen van beide God. Hier ligt het grote problem van Plato's theologie. Wij hebben het niet kunnen oplossen..."[5]. Diese Verlegenheit ist nur so zu erklären, daß man bei der Interpretation bis heute im Fahrwasser des religiösen Neuplatonismus schwimmt, wodurch sich das Paradoxon ergibt, daß man auf der einen Seite völlig unkritisch an die Platoninterpretation des Altertums anknüpft, wie es etwa Ernst Hoffmann tut: „Schon das, was ich über die Gottesidee gesagt habe, ist zusammengestellt aus dem Gipfelbegriff des ‚Phaidon', dem Guten der ‚Politeia', dem Einen des ‚Parmenides', dem Demiurgen des ‚Timaios'.

---

[1]) Ebd. S. 558; vgl. S. 543; S. 555 Anm. 4.
[2]) Vgl. unten S. 84ff.
[3]) KRÄMER, a. a. O. S. 135f.; vgl. S. 469: „Die Formen der Realität, wie sie in den Dialogen sich darstellt, sind die Erscheinungsweisen der Prinzipien...".
[4]) VERDENIUS, a. a. O. S. 248. Vgl. HOFFMANN, Platon, S. 80, der einen Gottesbegriff feststellt, „der überall, nur in verschiedenen Einkleidungen, in Platons Kunstwerken eine gleichbleibende Rolle spielt". Vgl. Jula KERSCHENSTEINER, Platon und der Orient, S. 129.
[5]) VAN LITSENBURG, a. a. O. S. 199.

Wir bringen als Erklärer, wie es schon im Altertum geschah, die Stellen in Zusammenhang; aber über diesen Zusammenhang selber handelt Platon schriftlich explizite nicht"[1]. Auf der anderen Seite bemüht man sich – völlig zu Recht –, das Novum der platonischen Theologie von älteren Vorstellungen streng zu scheiden. So vermutete man, die Idee des Guten heiße deswegen bei Platon nicht „Gott", weil dieser habe befürchten müssen, daß man ihn für einen Atheisten hielte[2]; oder weil er einer Verwechslung mit traditionellen Gottesvorstellungen habe vorbeugen wollen[3]. Unter dem Eindruck des bei späteren Denkern überall gegenwärtigen Platon unterschätzt man, so scheint es, die Fähigkeiten dieser Späteren, eigenständig zu denken.

Wer also einen besonders starken Mangel an Systematik in der Theologie Platons konstatiert[4], hat damit schon bewiesen, daß er völlig unangemessene Kategorien an die platonischen Schriften herangetragen hat. Mit der Hypothese, Platon müsse doch wenigstens an eine Hierarchie mit einem höchsten Gott an der Spitze geglaubt haben, wenn er sich schon nicht expressis verbis zum Monotheismus bekannt habe, kann nicht mehr gearbeitet werden.

---

[1] HOFFMANN, Platon, S. 13. An dieser Stelle sei im Hinblick auf das Kommende angemerkt, daß zur Frage nach einer platonischen Theologie in der einschlägigen Literatur – seit dem Altertum – besonders die Dialoge der mittleren Schaffensperiode, ebenso der ‚Timaios', sehr viel weniger aber die ‚Nomoi' herangezogen werden. Da es im Rahmen einer wirkungsgeschichtlichen Betrachtung nur auf eine mögliche andere Deutung der dem religiösen Platonismus „heiligen" Schriften ankommt, werden die ‚Nomoi' gleichfalls nicht eigens berücksichtigt. Daß in dieser Frage nicht unbedingt von der „Einheit des Werkes" auszugehen ist, oder anders gesagt, daß die Aussagen über Götter in den ‚Nomoi' vielleicht anders aufzufassen sind als diejenigen früherer Schriften, könnte im Sinne Platons sein, gemäß der Überzeugung, „daß niemand, welcher irgendeinmal in seiner Jugend diese Meinung, daß keine Götter seien, annahm, bis in sein Alter auf solcher Gesinnung beharrte" (‚Nom.' X 888 c).
[2] So Leon ROBIN, Platon, Paris 1935, S. 252 nach VAN LITSENBURG, a. a. O. S. 194.
[3] So mit JAEGER, Paideia, engl. Ausg. II, S. 285f., RUTENBER, a. a. O., S. 7f.; vgl. VAN LITSENBURG, a. a. O. S. 194.
[4] VERDENIUS, a. a. O. S. 241.

3. Der vollkommene Mensch als „Gott"
in der Dichtertheologie der ‚Politeia'

Um der Weise, wie Platon in seinen Dialogen von einem Gott oder von
Göttern spricht, näherzukommen, wird man sich an den bei ihm auftauchenden Begriff der ὁμοίωσις θεῷ κατὰ τὸ δυνατόν[1] halten müssen, mit
dem die Annäherung des Menschen an ein ethisches Vollkommenheitsideal gemeint ist. Damit ist zunächst nicht weniger gesagt, als daß θεός ein
mit einem ganz bestimmten Inhalt gefüllter Begriff sein kann. Man geht
aber notwendig in die Irre, wenn man beim Interpretieren von Stellen, an
denen von der ὁμοίωσις θεῷ die Rede ist, die für Platon wichtige Einteilung
der Menschen in philosophisch Begabte und philosophisch Unbegabte
nicht berücksichtigt. Denn sie unterscheiden sich voneinander gerade darin,
wie sie die ethische Forderung erfüllen. Der Philosoph sucht nach dem
höchsten Erkenntnisgegenstand (μέγιστον μάθημα), also nach der Idee des
Guten, wie dieser in der ‚Politeia'[2] heißt, die zugleich Grund ist für Sein
und Erkennen[3]. Da nun der höchste Erkenntnisgegenstand und die ethische
Norm identisch sind, ergibt sich für den Philosophen durch die μάθησις
bzw. das μανθάνειν sozusagen zwangsläufig seine ethische Haltung: „Guten
Mutes kann sein, wer im Leben die anderen Freuden, nämlich die des
Leibes und den äußerlichen Tand fahren ließ, im Bewußtsein, daß dies we-
sensfremd ist und eher schädliche Wirkungen zeigt, der sich aber der
Freude des Erkennens hingegeben und so seine Seele nicht mit wesens-
fremdem, sondern mit dem ihr eigenen Schmuck ausgestattet hat, nämlich
mit Besonnenheit, Gerechtigkeit, Tapferkeit, Freiheit und Wahrheit"[4].

---

[1]) ‚Theait.' 176 b.
[2]) ‚Pol.' VI, 505 a: ἡ τοῦ ἀγαθοῦ ἰδέα μέγιστον μάθημα.
[3]) Ebd. 509 b: καὶ τοῖς γιγνωσκομένοις τοίνυν μὴ μόνον τὸ γιγνώσκεσθαι φάναι
ὑπὸ τοῦ ἀγαθοῦ παρεῖναι, ἀλλὰ καὶ τὸ εἶναί τε καὶ τὴν οὐσίαν ὑπ' ἐκείνου αὐτοῖς
προσεῖναι . . .
[4]) ‚Phaid.' 114 e: . . . θαρρεῖν χρὴ περὶ ἑαυτοῦ ψυχῇ ἀνδρα ὅστις ἐν τῷ βίῳ τὰς μὲν
ἄλλας ἡδονὰς τὰς περὶ τὸ σῶμα καὶ τοὺς κόσμους εἴασε χαίρειν, ὡς ἀλλοτρίους τε
ὄντας, καὶ πλέον θάτερον ἡγησάμενος ἀπεργάζεσθαι, τὰς δὲ περὶ τὸ μανθάνειν
ἐσπούδασέ τε καὶ κοσμήσας τὴν ψυχὴν οὐκ ἀλλοτρίῳ ἀλλὰ τῷ αὐτῆς κόσμῳ, σωφρο-
σύνῃ τε καὶ δικαιοσύνῃ καὶ ἀνδρείᾳ καὶ ἐλευθερίᾳ καὶ ἀληθείᾳ. Vgl. ebd. 64 d, 65 a;
‚Symp.' 211 e–212 a; ‚Phdr.' 253 a; ‚Theait.' 173 e. Vgl. KRÄMER, a. a. O. S. 522:
„Die Dialektik ist darum bei Platon in letzter Absicht nicht mehr auf die Arete
des Menschen, sondern stets auf den Seinsgrund selbst gerichtet".

Im Gegensatz zu den wenigen philosophischen Naturen, die dank ihrer Veranlagung von sich aus nach sittlicher Vollkommenheit streben, muß die unphilosophische Menge dazu erst überredet werden. Im Hinblick auf das Gesamtthema wird über Bedeutung und Funktion menschlichen Redens in den platonischen Dialogen noch zu handeln sein. Zunächst interessiert nur, daß zwischen der ἐπιστήμη vermittelnden μάθησις oder διδαχή der Philosophen und der πίστις hervorrufenden πειθώ der Rhetoren streng unterschieden wird[1]. Die πίστις oder die ὀρθὴ δόξα, die zwischen Einsicht (φρόνησις) und Unwissenheit (ἀμαθία) steht[2], wird in der ‚Politeia' den Wächtern anerzogen[3]. Im ‚Politikos' wird empfohlen, den Rednern die Aufgabe zu übertragen, mit Hilfe der „Mythologie" die unphilosophische Menge zu überzeugen[4]; d. h. „Mythologie" ist ein Mittel der Peitho, das dem Philosophenkönig zur Verwirklichung eines geordneten Staatslebens zur Verfügung steht[5]. Auf diese Ebene gehört demnach die „Theologie" im zweiten Buch der ‚Politeia' (379a), wo bekanntlich das Wort θεολογία zum ersten Mal vorkommt. Jaeger hatte dazu bemerkt: „... so entsprang die Schöpfung des neuen Wortes dem Konflikt zwischen der mythischen Tradition und der natürlichen rationellen Behandlung des Gottesproblems."[6] Wenn man jedoch den Kontext beachtet – im Anschluß an den Satz: οἰκισταῖς δὲ τοὺς μὲν τύπους προσήκει εἰδέναι ἐν οἷς δεῖ μυθολογεῖν τοὺς ποιητάς[7], wird nach den τύποι περὶ θεολογίας gefragt –, ist unschwer einzusehen, daß es um die Theologie der Dichter des zu gründenden Staates geht, die vom Standpunkt des Philosophen aus nicht den Rang wahren Wissens hat. Natürlich haben sich die Mythen am Arete-Ideal zu orientieren: ὅτι κάλλιστα μεμυθολογημένα πρὸς ἀρετήν[8]. Es wird gefordert, daß ein Gott ἀγαθός[9], ἁπλοῦς[10] und ἀψευδής[11] sei. Die

---

[1] S. ‚Gorg.' 454e–455a; vgl. GÖRGEMANNS, Beiträge zur Interpretation von Platons Nomoi, S. 57.
[2] ‚Symp.' 202a: ἔστι δὲ δήπου τοιοῦτον ἡ ὀρθὴ δόξα, μεταξὺ φρονήσεως καὶ ἀμαθίας.
[3] Vgl. ‚Pol.' IV 429c.
[4] ‚Polit.' 304c–d: τίνι τὸ πειστικὸν οὖν ἀποδώσομεν ἐπιστήμη πλήθους τε καὶ ὄχλου διὰ μυθολογίας ἀλλὰ μὴ διὰ διδαχῆς; — φανερὸν οἶμαι καὶ τοῦτο ῥητορικῇ δοτέον ὄν.
[5] Ebd. 303e: τούτων δ' ἐστί που στρατηγία καὶ δικαστικὴ καὶ ὅση βασιλικὴ κοινωνοῦσα ῥητορεία πείθουσα τὸ δίκαιον συνδιακυβερνᾷ τὰς ἐν ταῖς πόλεσι πράξεις.
[6] JAEGER, Die Theologie der frühen griechischen Denker, S. 13.
[7] ‚Pol.' II 379a.   [8] Ebd. 378e.   [9] Ebd. 379b–380c.   [10] ebd. 380d–381e.
[11] Ebd. 382a. Vgl. dazu FLASHAR, Der Dialog Ion als Zeugnis platonischer Philosophie, S. 109, Anm. 2.

„Theologie" des Aischylos wird am Ende des zweiten Buches abgelehnt, weil seine Aussagen über den Gott Apollon nicht dazu beitragen, die Wächter ϑεοσεβεῖς und ϑεῖοι zu machen[1]. Die hier gemeinte „Theologie" entspricht der des Hesiod und der anderen ϑεολόγοι oder μυϑικῶς σοφιζόμε- νοι, die Aristoteles erwähnt[2]. Nicht aber wird man auf Grund dieser Stelle mit Jaeger sagen dürfen, daß „Theologie in gewisser Weise das eigentliche Ziel und Zentrum seines (Platons) Denkens (ist)"[3]. Die Götter sind nichts anderes als ethische Paradigmen, die der ungebildeten, philosophischer Erkenntnis nicht teilhaftigen Menge als Vorbild dienen. „. . . in the politi- cal and educational sheme of the Republic", sagt Solmsen[4], „religion and the gods occupy a place below the highest." Die Hymnen auf die Götter, die Sokrates zur Erziehung der Bürger wünscht[5], sind Preislieder auf den vollkommenen Menschen, der im Leben und auch nach seinem Tode bei- spielgebend wirken soll[6]. Da der Philosoph dank seines Arete-Wissens das ethische Ideal verkörpert, wird er zum sichtbaren Paradigma, also zum ϑεός, nach dem sich die nicht philosophisch Begabten richten können[7], während jener selbst die unsichtbaren Paradigmen, die εἴδη oder das ϑεῖον εὐδαιμονέστατον vor Augen hat[8]. Diese Deutung, daß der Philo- soph sozusagen über der Religion steht, wird neuerdings von Hans Her- ter[9] abgelehnt: „Die Götter sind also die Näheren – ich sage nicht die

---

[1] Ebd. 383 a–c; Aischylos wird zitiert: κἀγὼ τὸ Φοίβου ϑεῖον ἀψευδὲς στόμα / ἤλπιζον εἶναι, μαντικῇ βρύον τέχνῃ (383b).
[2] Metaph. B, IV 1000 a 9; 18.
[3] A. a. O. Anm. 13 auf S. 220. Aristoteles, der ganz eindeutig sein höchstes Prinzip ϑεός nennt, bezeichnet seine „erste Philosophie" als ϑεολογική (Metaph. E 1, 1026 a 19; K 7, 1064 b 3), doch ϑεολόγοι heißen noch bei seinem Schüler Eudem nur die Dichter (s. Jaeger, a. a. O. S. 13 f.).
[4] Solmsen, a. a. O. S. 72.
[5] ‚Pol.' X 607 a.
[6] Ebd. VII 540 b–c. Vgl. Krämer, a. a. O. S. 123: „Streift man die Mythenkritik im Stil des Xenophanes ab, so bleibt der Arete-Begriff des ‚Gorgias' übrig, der jetzt dem Gott oder genauer den Göttern (381 c 9), wie hier die einzelnen εἴδη genannt sind, selber zukommt".
[7] Vgl. ‚Polit.' 300 d: ταὐτὸν δρῶσι κατὰ δύναμιν ὅπερ ὁ ἀληϑινὸς ἐκεῖνος. Vgl. ‚Pol.' VI 500 c; vgl. Rutenber, a. a. O. S. 67.
[8] ‚Theait.' 176 e.
[9] Herter, Platons Staatsideal in zweierlei Gestalt, in Der Mensch und die Künste. Festschrift für H. Lützeler, Düsseldorf 1962, S. 194. Vgl. dagegen Solmsen a. a. O. S. 63 ff.; 131 ff.

Minderen: an sie halten sich die Bürger des ersten wie des zweiten Staates in ihrer Mehrheit, und nur die Philosophenherrscher und die Mitglieder des Nächtlichen Rates vermögen die Ideen direkt zu schauen, ohne deshalb die Götter vernachlässigen zu dürfen". Daß für den Zusatz am Ende das religiöse Empfinden des Interpreten verantwortlich zu machen ist, dürften die Worte verdeutlichen: „Wer diese Götter sind, soll hier nicht untersucht werden. Begnügen wir uns zu betonen, daß sie auf die Welt und die Menschen tätig einwirken".

4. „Gott" ist mythische Prädikation des Einen, welches Ziel der Erkenntnis und ethische Norm zugleich ist

Durch welche Bestimmungen die εἴδη inhaltlich gefüllt sind, muß nun geprüft werden. Dabei ist von vornherein klar, daß infolge der Identität des Erkenntnisgegenstandes und der ethischen Norm die gleichen Attribute sowohl den Ideen als auch den ethischen Paradigmen, nämlich Göttern oder vollkommenen Menschen, zuerkannt werden können. Nicht aber ist umgekehrt zu folgern, daß die Idee des Guten, der Nus oder die Weltseele „Gott" sei, weil die ihnen zukommenden Prädikationen auch in Verbindung mit θεός oder θεοί zu finden sind. Man muß es also unter allen Umständen vermeiden, θεός sozusagen a priori zum leitenden Begriff zu erheben. Die Funktion des Wortes muß vielmehr jeweils unter Berücksichtigung der beiden Ebenen, der philosophischen und der nichtphilosophischen, aus dem Kontext erschlossen werden. Mit „Kontext" ist im weiteren Sinne jeder Dialog gemeint, da, wie gesagt, jeder einzelne Dialog ein „letztes Positives" unter einem speziellen Gesichtspunkt anspricht. Zur Umschreibung dienen, wie an den wichtigsten Dialogen der mittleren Schaffensperiode gezeigt werden kann, bestimmte Prädikationen, zu denen u. a. θεός und θεῖος gehören.

Angesichts der scharfsinnigen Vergleiche, die man zwischen den Gipfelbegriffen der verschiedenen Dialoge angestellt hat, um den höchsten Gott Platons zu erhalten, verdient der Umstand Aufmerksamkeit, daß Platon selbst auch einen solchen Vergleich durchführt, allerdings innerhalb desselben Dialogs. Im ‚Symposion' beweist nämlich Sokrates, der als letzter der Teilnehmer seine Rede hält, daß der Gott Eros nicht der höchste Gott sein kann, als der er von allen gepriesen wurde. Dies geschieht – und das ist das Überraschende dabei –, obwohl die vorherigen Aretalogien – die des Dichters Agathon wird besonders hervorzuheben sein – durchaus die im zweiten Buch der ‚Politeia‘ geforderten τύποι περὶ θεολογίας befolgen, und obwohl darüber hinaus im Gott Eros, also einem „persönlichen" Gott, ethisches Ideal und höchster Erkenntnisgegenstand vereinigt sind. Eros hat alle Tugenden: περὶ μὲν οὖν δικαιοσύνης καὶ σωφροσύνης καὶ ἀνδρείας τοῦ θεοῦ εἴρηται, περὶ δὲ σοφίας λείπεται[1]. Die sittliche Vollkommenheit kann allerdings, wie es im ‚Phaidon‘ heißt, auch „auf Grund von Gewohnheit und Übung ohne Philosophie und Vernunft zustandekommen"[2], aber als Zustand höchster εὐδαιμονία kann diese Haltung nicht gewertet werden[3]. Der Gott Eros jedoch, im Besitz der σοφία, steht auf dieser höchsten Stufe: φημὶ οὖν ἐγὼ πάντων θεῶν εὐδαιμόνων ὄντων Ἔρωτα, εἰ θέμις καὶ ἀνεμέσητον εἰπεῖν, εὐδαιμονέστατον εἶναι αὐτῶν, κάλλιστον ὄντα καὶ ἄριστον[4]. Wenn hier noch höchste Schönheit als Eigenschaft des Gottes angegeben wird, so kommt schon jenes vom Irdischen bereits gelöste Anschauen hinein, das dann bei der inneren Schau des καλόν durch den Philosophen in der Diotima-Rede seine Erfüllung findet. Die weitere Bestimmung, daß der Gott seine Eigenschaften nicht nur als erster habe (πρῶτος αὐτὸς ὤν), sondern auch Ursache für alles sei: μετὰ τοῦτο τοῖς ἄλλοις ἄλλων τοιούτων αἴτιος εἶναι (sc. δοκεῖ)[5], führt über den „Gott" als ethisches Paradigma hinaus und weist auf das μέγιστον μάθημα in der ‚Politeia‘: τοῦτο τοίνυν τὸ τὴν ἀλήθειαν παρέχον τοῖς γιγνωσκομένοις καὶ τῷ γιγνώσκοντι τὴν δύναμιν ἀποδιδὸν τὴν τοῦ ἀγαθοῦ ἰδέαν φάθι εἶναι· αἰτίαν δ’ ἐπιστήμης οὖσαν καὶ ἀληθείας[6]. Schließlich findet sich der Wesenszug, der als die Hauptsache gilt, daß nämlich der Gott weder Unrecht tue noch Unrecht erleide: τὸ μὲν μέγιστον ὅτι Ἔρως οὔτ’ ἀδικεῖ οὔτ’ ἀδικεῖται οὔτε ὑπὸ θεοῦ οὔτε θεόν, οὔτε

---

[1] ‚Symp.‘ 196 d.
[2] ‚Phaid.‘ 82 a–b: ... ἣν δὴ καλοῦσι σωφροσύνην τε καὶ δικαιοσύνην, ἐξ ἔθους τε καὶ μελέτης γεγονυῖαν ἄνευ φιλοσοφίας τε καὶ νοῦ.
[3] Ebd. 82 b. Auch die Menschen, die unter der Herrschaft des Kronos lebten, waren ἀγαθοί, man könnte sie aber nach Platon erst glücklich nennen, wenn man genau wüßte, daß sie Philosophie getrieben haben; vgl. ‚Polit.‘ 272 b–d; ‚Nom.‘ III 679 c.
[4] ‚Symp.‘ 195 a.
[5] Ebd. 197 c; vgl. noch 197 e.
[6] ‚Pol.‘ VI 508 e.

ὑπ' ἀνθρώπου οὔτε ἄνθρωπον[1], was ähnlich von den εἴδη gilt, die der Philosoph betrachtet: τεταγμένα ἄττα καὶ κατὰ ταὐτὰ ἀεὶ ἔχοντα . . . οὔτ' ἀδικοῦντα οὔτ' ἀδικούμενα ὑπ' ἀλλήλων[2]. Da die „Theologie" der Vorredner sich in der beschriebenen Weise platonischer Terminologie bedient hatte, kann die von Sokrates vorgebrachte „Dichterkritik" nicht eine verfehlte Auffassung vom Wesen der Götter im allgemeinen zum Ziel haben, sondern allein die Verkennung des eigentümlichen Wesens des Eros. Sokrates war nämlich von Diotima belehrt worden, daß der Gott Eros nicht ein ἐρώμενον, sondern ein ἐρῶν sei: ᾠήθης δέ, ὡς ἐμοὶ δοκεῖ, τεκμαιρομένη ἐξ ὧν σὺ λέγεις, τὸ ἐρώμενον Ἔρωτα εἶναι, οὐ τὸ ἐρῶν· διὰ ταῦτά σοι οἶμαι πάγκαλος ἐφαίνετο ὁ Ἔρως[3]. Eros kann nicht höchste Schönheit besitzen, weil er selbst „bedürftig" ist und nach Schönheit verlangt[4]. Wird einerseits der begeisterte Beifall nach der Rede des Agathon verständlich, da jener auch im Sinne des Sokrates πρεπόντως gesprochen hat[5], so ist doch andererseits Sokrates wieder derjenige, der auf Grund seines wahren Wissens der Peitho der Dichter nicht erliegt. Den Höhepunkt seiner eigenen Ausführungen bildet die Bestimmung des höchsten Ziels des Eros. Da gemäß dem beschränkten Gesichtspunkt des Dialogs, der Schönheit, der Aufstieg zur Schau des wahrhaft Schönen bei den schönen Körpern beginnt, wird der hier gesuchte höchste „Erkenntnis"-Gegenstand teils in einer Art negativer Theologie aus dem Bereich des Werdens herausgehoben und von einer anthropomorphen Vorstellung ferngehalten[6], teils aber doch auch positiv beschrieben als jenes

---

[1] ‚Symp.' 196b.
[2] ‚Pol.' VI 500c.
[3] ‚Symp.' 204c.
[4] Ebd. 201b: ἐνδεὴς ἄρ' ἐστὶ καὶ οὐκ ἔχει ὁ Ἔρως κάλλος. Anders verhält es sich mit der Kritik, die Sokrates an den beiden ersten Reden im ‚Phaidros' übt, die als ein Vergehen gegen den Gott Eros erscheinen (242e), weshalb Sokrates eine Palinodie vorträgt, die die τύποι περὶ θεολογίας beachten wird (243a). Hinter der Wendung des Dialogs im ‚Symposion' durch die Rede des Sokrates wird man die auch sonst zu verfolgende Tendenz erblicken dürfen, wahres Arete-Wissen allein den Philosophen zuzusprechen. Dichter und Politiker haben die Arete und das Wissen von ihr „nicht im streng philosophischen Sinn", wie FLASHAR a. a. O. S. 127 zu ‚Symp.' 209a–d sagt. Zum Verhältnis der Dichter und Politiker zur Episteme vgl. ebd. S. 106ff.
[5] ‚Symp.' 198a.
[6] Ebd. 211a.

θαυμαστὸν τὴν φύσιν καλόν[1], αὐτὸ καθ᾽ αὑτὸ μεθ᾽ αὑτοῦ μονοειδὲς ἀεὶ ὄν[2], αὐτὸ τὸ καλὸν ... εἰλικρινές, καθαρόν, ἄμεικτον ... αὐτὸ τὸ θεῖον καλὸν ... μονοειδές[3]. Hinzu kommt, wie beim Gott Eros, die Apathie: μηδὲ πάσχειν μηδέν[4].

Unter dem Thema der Unsterblichkeit der Seele wird im ‚Phaidon' jenes letzte Positive von einer anderen Seite her angegangen. Die Negation des Somatischen führt unter diesem Aspekt notwendig zu den spezifischen Bestimmungen ἀθάνατος und ἀδιάλυτος im Gegensatz zu θνητός und διαλυτός[5]. Positiv erscheint wie im ‚Symposion' εἰλικρινές[6], μονοειδές und wie ἀεὶ ὄν hier ἀεὶ ὡσαύτως κατὰ ταὐτὰ ἔχον[7]. Die zuletzt genannte Bestimmung bezeichnet dem ‚Timaios' zufolge den Gegensatz zum Gewordenen[8]: das Paradigma, nach dem der Demiurg schafft, sei τὸ κατὰ ταὐτὰ καὶ ὡσαύτως ἔχον, und nicht τὸ γεγονός. Nach einer Stelle im ‚Politikos' kommt die Prädikation nur den „göttlichsten Dingen" zu: τὸ κατὰ ταὐτὰ καὶ ὡσαύτως ἔχειν ἀεὶ καὶ ταὐτὸν εἶναι τοῖς πάντων θειοτάτοις προσήκει μόνοις[9]. Der Thematik des ‚Phaidon' sehr nahe wird im ‚Phaidros' nur mit umgekehrter Blickrichtung, nicht mit dem Mythos vom Jenseits, sondern mit dem von der Präexistenz der Seele der Bereich des „Göttlichen" umrissen. Sokrates beschreibt in seiner zweiten Rede den Aufstieg der präexistenten Seele zum „überhimmlischen Ort"[10] und zur Schau der Welt, wo „das Geschlecht der Götter"[11] wohnt. An diesem Ort schaut die Seele das, was den Philosophen ausmacht: wahres Wissen und sittliche Vollkommenheit. Wiederum bedient sich Platon einer Art negativer Theologie: ἡ γὰρ ἀχρώματός τε καὶ ἀσχημάτιστος καὶ ἀναφὴς οὐσία ὄντως οὖσα ψυχῆς κυβερνήτῃ μόνῳ θεατὴ νῷ[12]. Diese Ideenwelt ist nur reiner Vernunft und

---

[1] Ebd. 210e.
[2] Ebd. 211b.
[3] Ebd. 211e.
[4] Ebd. 211b.
[5] ‚Phaid.' 80b.
[6] Ebd. 67b.
[7] Ebd. 80b; vgl. 78d, 79d, 100b.
[8] ‚Tim.' 28c–29a.
[9] ‚Polit.' 269d. Vgl. ‚Pol.' VI 500c: Der Philosoph blickt εἰς τεταγμένα ἄττα καὶ κατὰ ταὐτὰ ἀεὶ ἔχοντα.
[10] ‚Phdr.' 247c.
[11] Ebd. 246d.
[12] Ebd. 247c.

reinem Wissen zugänglich – νῷ τε καὶ ἐπιστήμῃ ἀκηράτῳ[1] –, d. h. dem „Denken Gottes" und dem führenden Seelenteil, dem Nus[2]. In dieser himmlischen Welt weilen die „Gerechtigkeit selbst", die „Besonnenheit selbst"[3] und, wie es noch einmal heißt, das Wissen, und zwar schaut die Seele τὴν ἐν τῷ ὅ ἐστιν ὂν ὄντως ἐπιστήμην οὖσαν und τὰ ὄντα ὄντως[4].

Wahres Wissen und sittliche Vollkommenheit eigneten im ,Symposion' dem Gott Eros; die Schau des in der Götterwelt Anzutreffenden garantiert hier die Göttlichkeit der Götter: ἅτ' οὖν θεοῦ διάνοια νῷ τε καὶ ἐπιστήμῃ ἀκηράτῳ τρεφομένη[5], was auch hier auf den vollkommenen Menschen, den Philosophen, abzielt, dessen Seele in der Präexistenz die höchste Bahn mit den Göttern zusammen durchmessen hat, und der dank der Anamnesis in der Lage ist, den θεῶν βίος[6] zu verwirklichen, κατὰ δύναμιν: διὸ δὴ δικαίως μόνη πτεροῦται ἡ τοῦ φιλοσόφου διάνοια· πρὸς γὰρ ἐκείνοις ἀεί ἐστιν μνήμῃ κατὰ δύναμιν, πρὸς οἷσπερ θεὸς ὢν θεῖός ἐστιν[7]. Am stärksten kann die Anamnesis wirken, wenn der Mensch Schönes erblickt; dann taucht die Erinnerung auf an die einst „selige Schau" im Gefolge des Zeus[8], eine Schau „unversehrter, einfacher, unwandelbarer, glückseliger Erscheinungen"[9], womit andere Umschreibungen für das θαυμαστὸν τὴν φύσιν καλόν des ,Symposions' geboten werden. Hier wie dort gilt: τὸ δὲ θεῖον καλόν, σοφόν, ἀγαθόν, καὶ πᾶν ὅτι τοιοῦτον[10].

Damit dürfte hinreichend deutlich geworden sein, daß es ohne Belang ist, ob die angeführten Prädikationen einem „persönlichen Gott" oder einem „unpersönlichen Göttlichen" zuerkannt werden, da immer die Absicht des jeweiligen Dialogs und die Eigenart der herangezogenen mythologischen Vorstellungen über die Einführung eines „Gottes" und seine Funktion innerhalb des Dialogs entscheiden.

---

[1] Ebd. 247 d.
[2] Ebd. 247 d: θεοῦ διάνοια; 247 c: s. oben Text. Vgl. 249 c.
[3] Ebd. 247 d: ἐν δὲ τῇ περιόδῳ καθορᾷ μὲν αὐτὴν δικαιοσύνην, καθορᾷ δὲ σωφροσύνην . . . .
[4] Ebd. 247 e.
[5] Ebd. 247 d.
[6] Ebd. 248 a.
[7] Ebd. 249 c.
[8] Ebd. 250 b: ὅτε σὺν εὐδαίμονι χορῷ μακαρίαν ὄψιν τε καὶ θέαν ἑπόμενοι μετὰ μὲν Διὸς ἡμεῖς, ἄλλοι δὲ μετ' ἄλλου θεῶν, εἴδον . . .
[9] Ebd. 250 c: ὁλόκληρα δὲ καὶ ἁπλᾶ καὶ ἀτρεμῆ καὶ εὐδαίμονα φάσματα.
[10] Ebd. 246 d–e.

Ob man es bei Platon mit einer philosophischen Theologie zu tun hat oder nicht, erhellt schließlich der Charakter der besprochenen Aussagen des Sokrates. Es kann gar kein Zweifel darüber bestehen, daß Sokrates nicht nur im ‚Symposion‘, wie vor ihm gerade der Dichter Agathon, hymnisch-preisend von der wahren Schönheit spricht, sondern daß er auch im ‚Phaidon‘ und im ‚Phaidros‘ als „Theologe" im Sinne des μυθικῶς σοφιζόμενος auftritt. Das wird vollends einsichtig, wenn man die als so problematisch erscheinende Partie im sechsten Buch der ‚Politeia‘[1] genauer ansieht. Dort wird nämlich die Idee des Guten nicht nur nicht „Gott" genannt, sondern ebenso wenig „schön, weise, gut und alles Derartige".[2] Das darf deswegen nicht verwundern, weil vom ἀγαθόν selbst gar nicht die Rede ist: αὐτὸ μὲν τί ποτ᾽ ἐστὶ τἀγαθὸν ἐάσωμεν τὸ νῦν εἶναι[3]. Es geht lediglich – und zwar auf der philosophischen Erkenntnisebene – um das erkenntnistheoretische Problem, ob eine Erklärung dafür möglich ist, daß der Philosophen-herrscher ein Wissen und nicht nur eine Meinung von den ἀγαθά und καλά haben und die Wahrheit erkennen kann. Vorher wird nämlich die Frage gestellt: „Über das nun, dem jede Seele nachgeht und um des willen sie alles tut, mit einer gewissen Ahnung von dessen Existenz, aber doch hilflos und unfähig, es hinreichend zu fassen, was es denn sei . . ., über den dieserart wichtigen Gegenstand sollen wir auch jene Besten im Staat, denen wir alles anvertrauen wollen, im Dunkeln tappen lassen?"[4]. Sicheres Wissen ermög-licht nur die Idee des Guten, da sie Ursache des Wissens und der Wahrheit ist[5]. In welcher Weise das ἀγαθόν Ursache ist, wird nicht ausgeführt; d. h. es wird wohl nach dem ἀγαθόν gefragt, aber Sokrates biegt ab und erläutert dafür das Ursache-Sein der Sonne im Bereich des Sehens, indem er die beim Sehvorgang bestehenden verschiedenen Relationen zwischen der Sonne als Lichtquelle, dem sehenden Subjekt und dem gesehenen Objekt aufweist[6]. Im ‚Symposion‘ findet sich etwas ganz Ähnliches, nur unter dem Aspekt

---

[1] ‚Pol.‘ VI 506 d–509 c.
[2] ‚Phdr.‘ 246 d–e. Vgl. oben S. 36.
[3] ‚Pol.‘ VI 506 d.
[4] Ebd. 505 d–e: ὃ δὴ διώκει μὲν ἅπασα ψυχὴ καὶ τούτου ἕνεκα πάντα πράττει, ἀπομαντευομένη τι εἶναι, ἀποροῦσα δὲ καὶ οὐκ ἔχουσα λαβεῖν ἱκανῶς τί ποτ᾽ ἐστίν . . ., περὶ δὴ τὸ τοιοῦτον καὶ τοσοῦτον οὕτω φῶμεν δεῖν ἐσκοτῶσθαι καὶ ἐκείνους τοὺς βελτίστους ἐν τῇ πόλει, οἷς πάντα ἐγχειριοῦμεν;
[5] Ebd. 508 e; s. oben S. 33. KRÄMER, a. a. O. S. 549 Anm. 120 spricht vom „Metron-Charakter" des Hen.
[6] Ebd. 506 e–508 d.

des Eros. Das höchste ἐρώμενον oder καλόν der Sokrates-Rede steht in Beziehung zum ἐρῶν und ἐρώμενον oder καλόν im Bereich des Sichtbaren, ist somit Ursache dafür, daß ein καλόν erkannt werden kann. Im Unterschied zum ‚Symposion' wird in der ‚Politeia' das ἀγαθόν, also das, wonach jeder strebt und weswegen er alles tut[1], beiseite geschoben, während dort jenes, „um des willen es auch all die vorangegangenen Mühen gab"[2], wenigstens andeutungsweise umschrieben wird, so daß notwendig die entsprechenden Prädikationen begegnen. Zu diesen zählen im ‚Phaidon', infolge des dort gewählten orphisch-pythagoreischen Mythos, sowohl θεός als auch θεῖος: ἡ δὲ ψυχὴ ἄρα, τὸ ἀιδές, τὸ εἰς τοιοῦτον τόπον ἕτερον οἰχόμενον γενναῖον καὶ καθαρὸν καὶ ἀιδῆ, εἰς ῞Αιδου ὡς ἀληθῶς, παρὰ τὸν ἀγαθὸν καὶ φρόνιμον θεόν . . . Οὐκοῦν οὕτω μὲν ἔχουσα εἰς τὸ ὅμοιον αὐτῇ τὸ ἀιδὲς ἀπέρχεται, τὸ θεῖόν τε καὶ ἀθάνατον καὶ φρόνιμον, οἷ ἀφικομένῃ ὑπάρχει αὐτῇ εὐδαίμονι εἶναι[3]. Die Idee des Guten wird also deswegen nicht „Gott" genannt, weil nicht der Umkreis des Vollkommenen abgesteckt wird, wie etwa im ‚Symposion', wo das αἴτιον εἶναι eben nur u. a. zum „Wesen" des Gottes Eros gehört. In der ‚Politeia' steht nur die Funktion der Idee des Guten als Ursache wahrer Erkenntnis im Mittelpunkt des Interesses; erklärt und behauptet wird, daß es – trotz des Wertrelativismus der Sophisten – etwas gibt, das Ursache dafür ist, daß man das Gute für gut und das Schlechte für schlecht halten muß[4].

Platon versucht, so hat sich ergeben, in den angeführten wichtigen Dialogen der mittleren Schaffensperiode mit den verschiedenen Prädikationen ein τί[5] gleichsam einzufangen. Die Ausdrücke θεῖος und θεός gehören zu den dieses τί umschreibenden Bestimmungen; das bedeutet, Vorhandensein oder Fehlen der Prädikation θεός ist theologisch – im oben (S. 17f.) definierten Sinne – nicht relevant[6]. „Götter" können in all den Dialogen erscheinen,

---

[1] S. oben S. 37 mit Anm. 4.
[2] ‚Symp.' 210e.
[3] ‚Phaid.' 80d u. 81a.
[4] Vgl. dazu HOFFMANN, Platon S. 81f.; ders. Platon und Mystik, S. 11. KRÄMER, a. a. O. S. 525.
[5] ‚Symp.' 210e.
[6] Daß „Gott" für die Griechen primär ein Prädikatsbegriff war, hat schon WILAMOWITZ, Glaube der Hellenen, Berlin 1931, I S. 18ff. ausgesprochen. Die Interpretation von VERDENIUS ist gleichfalls durch diese Erkenntnis bestimmt (a. a. O. S. 243; 273f. mit weiterer Literatur), die von VAN CAMP und CANART für Platon eindeutig bestätigt wurde.

in denen Mythen erzählt werden, d. h. in denen „nur" Dichter-Theologie vorgeführt wird. Wo immer Platon von Göttern nach dem Maßstab seiner τύποι περὶ θεολογίας spricht, unterscheiden sie sich grundsätzlich nicht vom Eros des Agathon. Ob es sich um Zeus[1] handelt oder die olympischen Götter insgesamt[2], um den Demiurgen[3], die geschaffenen Götter[4] oder den wahrnehmbaren Gott[5] im ‚Timaios' oder die Gestirngötter der ‚Nomoi'[6], immer bietet sich das gleiche Bild. Schönheit, Unsterblichkeit, Glückseligkeit und alle Tugenden – am häufigsten wird die Gerechtigkeit genannt – sind ihnen eigen; sie sind Urheber alles Guten und aller Ordnung, selbst aber apathisch[7] und keinem äußeren Einfluß zugänglich[8].

Nach dem Gesagten läßt sich nicht leugnen, daß in gewisser Weise eine bestimmte einheitliche Gottesvorstellung vorhanden ist. Nur ist es eben müßig, den in einem Dialog erscheinenden Gott oder Gipfelbegriff, losgelöst vom Kontext, nach seinem göttlichen Rang im Vergleich zu den Göttern bzw. den Gipfelbegriffen anderer Dialoge zu befragen. Es wäre ebenso wenig sinnvoll, etwa in der Summe aller Prädikationen Platons „höchsten Gott" fassen zu wollen. Erst der Neuplatonismus hat Platon endgültig zum dogmatischen Theologen gemacht; in der Neuzeit ist man dieser Auffassung gefolgt, ohne die dadurch entstehende Diskrepanz zwischen der bedeutendsten Gestalt der griechischen Aufklärung, Sokrates, und seinem Schüler genügend zu beachten. Platon, nicht weniger als Sokrates der Tradition der Sophisten verpflichtet, konnte für seine Schriftstellerei spielerisch an geläufige – auch religiöse – Vorstellungen anknüpfen, die seine erkenntnistheoretischen Intentionen – im Sinne der Einheit von Seiendheit, Erkennbarkeit und Arete – anzudeuten vermochten. Platons Dialoge sind in gar keiner Beziehung religiöse Schriften. Erst Jahrhunderte

---

[1] ‚Phdr.' 246 d–e; ‚Phileb.' 30 c–d; ‚Euth.' 5 e.
[2] ‚Phdr.' 246 d–247 a.
[3] ‚Tim.' 34 a–b, 29 d–30 a; vgl. ‚Soph.' 265 c; ‚Nom.' X 902 d–903 a.
[4] ‚Tim.' 41 a–d.   [5] Ebd. 92 c.
[6] ‚Nom.' IV 716 c–717 a; X 887 b, 897 b, 900 e, 901 a, 902 b–c; XII 931 d, 941 b.
[7] Vgl. ‚Pol.' II 387 e, 388 d; X 603 e; ‚Symp.' 196 b.
[8] Hierher gehört vor allem der Topos, daß die Götter keine Opfer nötig haben. Vgl. ‚Nom.' X 885 b–d; ‚Euthyphr.' 15 a–b; vgl. ‚Tim.' 34 b, 33 c; ‚Phileb.' 60 c. Über Herkunft und Tradition vgl. z. B. Martin DIBELIUS, Aufsätze zur Apostelgeschichte, 3. Aufl. Götting. 1957, S. 42 ff. Viele Stellen zur „Theologie" sind gesammelt bei FEIBLEMAN, a. a. O. S. 68 ff.; TITIUS, Platos Gottesgedanke, S. 142 ff.; vgl. MORE, a. a. O. S. 119.

später, als man die Befreiung von den alten Göttern längst nicht mehr als Erleichterung empfand, sondern ein religiöses Bedürfnis sich immer stärker geltend machte, mußten Platons Schriften von Neupythagoreern und Gnostikern notwendig in einem anderen als dem beabsichtigten Sinne ernst genommen werden[1].

Die einheitliche Gottesvorstellung Platons ist das immer wieder erneut dargestellte Paradigma des vollkommenen Menschen, des Philosophen. Die ὁμοίωσις θεῷ, die der Mensch zu erreichen sucht, ist „in Wahrheit" umgekehrt zu verstehen[2]. In diesem Sinne bedarf auch die eigens diesem Motiv gewidmete Arbeit von Hubert Merki[3], soweit sie Platon betrifft, der Korrektur. In welchem Ansehen Platon als Theologe steht, mag folgender Satz illustrieren: „Es scheint aber eine auf den Gründer selbst zurückgehende *epikureische* Fassung des platonischen Homoiosis-Motivs zu geben, obgleich tatsächlich die Götter für Epikur nur die idealen, im freudigen Dasein lebenden Menschen sind . . ."[4]. Eine solche „epikureische" Gesinnung traut man Platon nicht zu. Dazu mag noch eine Bemerkung Dörries[5] zu einem Beleg aus dem Mittelplatonismus angeführt werden. Durch Areios Didymos wird nämlich die hier vertretene Platoninterpretation gestützt, wenn man erfährt, daß sich das Homoiosis-Motiv nicht auf den sichtbaren Gott im ‚Phaidros‘ (247b) beziehe, sondern daß der Mensch dem νοητὸς θεός gleich werden könne[6]. Diese Behauptung findet Dörrie „auffällig", denn: „Der stoische und der pythagoreische Weise sind dem Gott vergleichbar, ja stehen fast auf einer Stufe mit ihm. Der Platonismus hat das nie postuliert . . ."[7].

Nach Zuweisung der Worte θεός und θεῖος zu den das Vollkommenheitsideal bestimmenden Prädikationen verlieren aber auch „theologisch"

---

[1] Vgl. dazu JONAS, Gnosis und spätantiker Geist, I S. 253: „Indem Plato die Philosophie als Scheinreligion stilisierte, ermöglichte er einer späteren Religion die Stilisierung als Scheinphilosophie". Vgl. ebd. S. 251 ff.

[2] RUTENBER hält die göttliche Seele der ‚Nomoi‘ für das eigentliche Vorbild des Menschen, da sie ein lebendes Wesen ist (a. a. O. S. 101 f.). Vgl. MUELLER, a. a. O. S. 467; SOLMSEN, a. a. O. S. 67; GOULD, Development of Plato's ethics, S. 177.

[3] H. MERKI, ὉΜΟΙΩΣΙΣ ΘΕΩ. Von der platonischen Angleichung an Gott zur Gottähnlichkeit bei Gregor von Nyssa.

[4] Ebd. S. 7, Anm. 2.

[5] H. DÖRRIE, Vom Transzendenten im Mittelplatonismus, in Sources de Plotin.

[6] Bei Stobaios, Ecl. eth. II 49, 17; s. DÖRRIE a. a. O. S. 214.

[7] Ebd. S. 214, Anm. 3.

nicht ganz eindeutige Stellen, wie etwa ‚Politeia' VI 500c, ihre Problematik. Merki schreibt dazu noch: „Es ist nicht ausdrücklich die Rede von der Verähnlichung mit Gott, sondern mit dem θεῖον. Doch weil das θεῖον, d. h. die Ideenwelt, vollendetes Abbild Gottes ist, darf die Stelle hier sehr wohl aufgeführt werden."[1] Die Ausdrucksweise Platons verwundert nicht, wenn man berücksichtigt, daß an dieser Stelle von den Bemühungen der Philosophen die Rede ist.

Mit dem ethisch sittlichen Homoiosis-Motiv hat man also, wie dargetan wurde, keineswegs gleichsam ein „Analogon zur platonischen Erkenntnislehre"[2] vor sich; denn für den Philosophen ist, infolge der Einheit von Ontologie und Arete-Wissen, die ὁμοίωσις θεῷ zugleich Ausdruck wahrer Erkenntnis und sittlicher Vollkommenheit. So kann etwa im ‚Phaidon' das aus der Sakralsprache stammende Wort καθαρός die erkenntnistheoretische „Sauberkeit" – es sei an die ἄκρατος ἐπιστήμη im ‚Phaidros' (247a) erinnert – und die moralische Reinheit ausdrücken: „Das Unreine darf gewiß das Reine nicht berühren"[3]. Gemeint ist, daß die Seele erst nach dem Tod, vom Körper befreit, wahre Erkenntnis erlangen kann. Dahinter steht das Prinzip der notwendigen Gleichartigkeit von Erkennendem und Erkanntem[4]. So eindeutig es bei Platon immer um Erkenntnis geht, so wenig geht es um gnostische oder mystische Erkenntnis Gottes, γνῶσις θεοῦ, die, wie schon Eduard Norden[5] nachdrücklich betonte, ein zentraler Begriff orientalischer Religiosität war. Auf der philosophischen Ebene wird der höchste Erkenntnisgegenstand durch die verschiedenen Attribute angedeutet, auf der nichtphilosophischen Ebene gibt es gar keine Erkenntnis, sondern nur die Bemühung um das ethische Ideal, die ihren Grund in einer durch Überredung – mit Hilfe der Göttermythen – vermittelten „richtigen Meinung" hat.

Wenn, wie immer wieder herauskam, der Mythos ein Mittel der Peitho ist, so muß abschließend noch auf den Charakter der platonischen Schriften überhaupt eingegangen werden, da in den Dialogen so häufig Mythen anzutreffen sind. Zunächst muß aber festgestellt werden, daß nach Verfolgung

---

[1] MERKI, a. a. O., S. 6 Anm. 2.
[2] MERKI, a. a. O. S. 4.
[3] ‚Phaid.' 67b; vgl. 83b; ‚Pol.' X 611e; VI 500c–d. Dazu DÖRRIE, Porphyrios' Symmikta Zetemata, in Zetemata 20, 1959, S. 208f.
[4] Vgl. ‚Pol.' VI 508a–d.
[5] E. NORDEN, Agnostos Theos, 4. unver. Auflage, Darmstadt 1956, S. 96.

der Absicht, die Vorstellung der „schweigenden Götter" in den Schriften des berühmtesten Vertreters der „Sokrates-Schule" aufzuspüren, eine doppelt negative Auskunft zu erteilen ist. Da Platons Dialoge keine religiösen Schriften sind, deren Aussagen ihr Zentrum in einer bestimmten Gottesvorstellung haben, kann gar nicht erst danach gefragt werden, ob die Stille eine der Bedingungen der Erkenntnis Gottes sei[1]. Das Schweigen wird an einer Stelle als ästhetische Kategorie erwähnt, ohne daß sich Platon über das Kunsterlebnis positiv äußert: καὶ γὰρ τὰ ἐκείνης ἔκγονα (sc. ζωγραφίας) ἕστηκε μὲν ὡς ζῶντα, ἐὰν δ' ἀνέρῃ τι, σεμνῶς πάνυ σιγᾷ[2]. Der platonische Sokrates wendet sich stets an den lebendigen Menschen, etwa an den schönen Charmides. Die Schönheit des Körpers ergreift jedoch nicht unmittelbar, fraglos, sondern es wird geprüft, ob denn im schönen Körper auch eine schöne Seele wohne[3]. Das Schweigen gehört zweitens auch nicht zur Bestimmung des unter dem Titel „Gott" beschriebenen Vollkommenheitsideals, im Gegensatz zu den spätantiken theosophischen Lehren, in denen das Schweigen wesentlich die ὁμοίωσις θεῷ kennzeichnet.

5. *Der vollkommene Mensch und sein Verhältnis zur Sprachlichkeit*

Das Schweigen der späteren Lehren hat zur Voraussetzung, was man bei Platon gerade nicht voraussetzen darf, nämlich die Untauglichkeit der Reden, die „höchsten Dinge" zu fassen[4]. Dennoch gibt es Reden, die nicht die höchste Erkenntnis mitteilen – und hier muß man zunächst wieder den Unterschied sehen zwischen dem philosophischen Gespräch und den politischen Reden, die die unphilosophische Menge lenken sollen[5].

---

[1] Vgl. oben S. 5.
[2] ‚Phdr.' 275 d. Vgl. dazu Bernhard SCHWEITZER, Platon und die bildende Kunst, S. 45: „Die Wahrheit des Seienden ist nur noetisch zu begreifen. Daß es in der Bildkunst noch eine andere Möglichkeit geben könnte, das wahre Sein und damit auch das wahre Schöne aufleuchten zu lassen, war dem allgemeinen Bewußtsein der Zeit ein fremder Gedanke, und es scheint, als ob eine solche Erwägung auch außerhalb des Horizontes Platons geblieben sei". [3] ‚Charm.' 154 e.
[4] Vgl. KRÄMER, a. a. O. bes. S. 401 Anm. 38 und S. 465 Anm. 169 zu Ep. VII 341 e.
[5] Vgl. GÖRGEMANNS, Beiträge zur Interpretation von Platons ‚Nomoi', S. 70.

Es ist gerade im Hinblick auf den späteren Platonismus nicht uninteressant, zu erfahren, wie Platon den Philosophen, d. h. den vollkommenen Menschen, die politische Peitho einerseits und das philosophische Gespräch andererseits, das Redenkönnen des Menschen also, bewerten läßt. In der Auseinandersetzung mit der Rhetorik der Sophisten kommt es dem platonischen Sokrates allein darauf an, daß nur der wahrhaft Wissende dieses wirksame Mittel benutzen sollte[1]. Die Peitho erscheint als die ordnende Macht des Staates[2], wie auch des Kosmos, wenn im ‚Timaios‘ die ordnende Tätigkeit des Demiurgen πείθειν genannt wird[3]. Im ‚Phaidros‘ und im ‚Politikos‘ werden die positiven Möglichkeiten der Rhetorik erörtert, die, wie Görgemanns überzeugend nachgewiesen hat, in den ‚Nomoi‘ in weitestem Umfang zur Anwendung kommen. In den ‚Nomoi‘, sagt Görgemanns, werde nicht über Rhetorik verhandelt, sondern die Proömien zu den Gesetzen hatten selbst rhetorischen und poetischen Charakter: „Sie sollen die Menschen zu dem bewegen, wozu sie von sich aus wenig Neigung verspüren: Zum ‚Gutwerden‘, zur ‚Gutheit‘, zur ‚Tugend‘.“[4] Da der unphilosophische Mensch nur der Peitho, nicht der Didache zugänglich ist[5] – und Philosophen gibt es nur wenige –, wird im politischen Leben auf Grund einer πίστις oder einer ὀρθὴ δόξα gehandelt; man kann z. B. nicht vor Gericht in kurzer Zeit die große Menge „so bedeutende Dinge *lehren*“[6].

Wie wenig also ohne die Rhetorik auszukommen ist[7], für den Philosophen ist doch der Verkehr mit den unphilosophischen „Vielen“ ein

---

[1] Vgl. ‚Phdr.‘ 270b; ‚Gorg.‘ 459b, 521d. Vgl. JAEGER, Paideia III, S. 259 Anm. 12: „Es ist klar, daß Sokrates, wenn er allein der wahre Staatsmann ist (Gorg. 521d), auch der wahre Redner sein muß. Beides ist eins.“ Vgl. ebd. S. 262.
[2] Vgl. oben S. 30.
[3] ‚Tim.‘ 48a, 56c. Vgl. ‚Pol.‘ VI 500d: Der Philosoph ist ein Demiurg der Aretai, seine „Materie“ sind die ἤθη ἀνθρώπων. Vgl. ebd. VII 540a–b. Der Mensch muß aber zusätzlich Gewalt anwenden (‚Pol.‘ VII 519e; ‚Nom.‘ X 885c–d; IV 719e–720a); s. RUTENBER, a. a. O. S. 103.
[4] GÖRGEMANNS, a. a. O. S. 54; vgl. S. 66.
[5] Vgl. ‚Gorg.‘ 454a–e; vgl. oben S. 30.
[6] Ebd. 455a: διδάξαι οὕτω μεγάλα πράγματα. Im Umgang mit der Volksmenge ist eine gewisse Ungenauigkeit unvermeidlich, ‚Polit.‘ 294a–295b: Der Gesetzgeber könne sich nicht mit jedem einzelnen ἀκριβῶς oder δι’ ἀκριβείας befassen.
[7] Vgl. ‚Phileb.‘ 58a–b. Zum Besten des Staates ist sogar die Lüge erlaubt, ‚Pol.‘ III 389b–c; selbst die Praktiken der Sophisten – nach ebd. VI 492d – erscheinen gelegentlich, vgl. ‚Nom.‘ II 660a; ‚Polit.‘ 296b–297b; ‚Gorg.‘ 517b.

notwendiges Übel: „... wenn aber die Reihe an ihm ist, dann nimmt jeder die Mühe der politischen Geschäfte auf sich und bekleidet das höchste Amt um des Staates willen, im Bewußtsein, damit nicht etwas sittlich Vollkommenes, sondern etwas Notwendiges zu tun"[1]. Überhaupt haben diejenigen Reden, die den Bereich des Werdens, des Sichtbaren, des Vielen betreffen, einen niederen Rang. Denn „wie das Sein zum Werden, so verhält sich die Wahrheit zur Überzeugung"[2]. Die sich auf „Meinung" und „Überzeugung" gründenden Aussagen enthalten, da die „richtige Meinung" zwischen Wissen und Unwissenheit steht[3], Wahres und Falsches[4]; sie bleiben unsicher, die „richtige Meinung" ist stets durch Peitho wieder gefährdet. Platon gibt den Sophisten und ihrem erkenntnistheoretischen Relativismus recht; auf der Ebene, auf der diese sich bewegen – das beweist der platonische Sokrates in den Gesprächen mit Sophisten – gibt es nichts, das ἀκίνητον πειθοῖ ist, alles und jedes ist μεταπειστόν[5].

Entsprechend der Forderung, daß die Logoi dem verwandt sein müssen, was sie erklären[6], müssen die philosophischen Logoi von ganz anderem Charakter sein als die der Dichter und Redner. Dem Auszusagenden ähnlich müssen sie, sofern es sich um das μόνιμον und βέβαιον handelt, selbst μόνιμοι und ἀμετάπτωτοι sein[7]. Solche Logoi ergeben sich nur durch jenes Fragen und Antworten im kleinen Kreise, wovon Platon wiederholt spricht[8]. Allerdings sucht man derartige Logoi in den Dialogen vergeblich. Wie gezeigt wurde, hatte Sokrates über den höchsten Erkenntnisgegenstand stets als Dichter-Theologe gesprochen[9]. Konrad Gaiser hat dargelegt, wie auch in den philosophischen Gesprächen der Dialoge alles auf Peitho hinausläuft: „Der Inhalt der exemplarischen

---

[1] ‚Pol.' VII 540b; vgl. VI 489c, 494a, 496c; s. RUTENBER, a. a. O. S. 96f., 99.
[2] ‚Tim.' 29c: ὅτιπερ πρὸς γένεσιν οὐσία, τοῦτο πρὸς πίστιν ἀλήθεια. Vgl. ‚Men.' 97a–c.
[3] ‚Symp.' 202a.   [4] Vgl. dazu FLASHAR, a. a. O. S. 135f.
[5] ‚Tim.' 51e: τὸ μὲν γὰρ αὐτῶν διὰ διδαχῆς, τὸ δ' ὑπὸ πειθοῦς ἡμῖν ἐγγίγνεται· καὶ τὸ μὲν ἀεὶ μετ' ἀληθοῦς λόγου, τὸ δὲ ἄλογον· καὶ τὸ μὲν ἀκίνητον πειθοῖ, τὸ δὲ μεταπειστόν. Vgl. ‚Phdr.' 277e, 278a; ‚Gorg.' 498d, 499a, 454a–e.
[6] Ebd. 29b: ὡς ἄρα τοὺς λόγους, ὧνπέρ εἰσιν ἐξηγηταί, τούτων αὐτῶν καὶ συγγενεῖς ὄντας.   [7] Ebd. 29b; vgl. 51e.
[8] ‚Phdr.' 277e; Ep. VII 344b, 341e; vgl. ‚Nom.' XII 968c.
[9] Vgl. Konrad GAISER, Protreptik und Paränese bei Platon, S. 105f.: „Sofern er (Platon) die wahrhaft gültige Realität, die jenseits der gewöhnlichen Erfahrung liegt, zu sinnlich wahrnehmbarer Gegenwärtigkeit und damit auch zu einer gewissen Wirksamkeit bringt, ist Platon Dichter".

Darstellung wird in seiner Wichtigkeit abgeschwächt („Menon' 86b; ‚Phaid.' 114d), und es scheint nur auf die in der Paränese zum Ausdruck kommende πειθώ-Funktion der Anschauung anzukommen"[1]. Am „toten Punkt" eines Gesprächs stehe nicht nur eine Paränese, sondern zugleich erscheine in einer solchen Situation das Sokratesbild als Paradigma: „Das philosophische πείθειν kann sich zwar nicht gegen die δόξα durchsetzen, aber gerade dadurch erhält das paradigmatische Vormachen des Sokrates den äußerlichen Nachruck"[2].

Ist damit der protreptische Charakter der platonischen Dialoge erwiesen, so ist doch zu beachten, daß sie nur philosophisch Begabte ansprechen können. Auf philosophischer Ebene hat die ‚Peitho' keine Funktion, sie vermag den von Natur aus kleinen Kreis der Philosophen[3] nicht zu erweitern. Es wird immer wieder deutlich, „daß sich das wirkliche ἀρετή-Wissen nicht einfach vorzeigen und ‚in die Seele einsetzen' läßt; es ist vielmehr von jeher in der Seele angelegt und nur im Zuge der Selbsterkenntnis und der Umstellung des ganzen Lebens zu verwirklichen."[4] Nur mit einer „zu ihm passenden Seele" kann der Philosoph ins Gespräch kommen[5]; es sind die wenigen, die auf einen kleinen Hinweis hin von selbst zur Erkenntnis finden[6]. Das in den Dialogen stets als Ziel angestrebte ὁμολογεῖν ist folglich im Kreis der Philosophen von vornherein gegeben[7]. Diese sind sich

---

[1] Ebd. S. 185; vgl. S. 224 mit Anmerkung 2: Dem πείθεσθαι des Sokrates entspreche sein πείθειν, das die anderen vor der ἀπιστία zu bewahren versuche („Phaid.' 88c; ‚Apol.' 28d–f; ‚Krit.' 51b); vgl. S. 159 Anm. 20.

[2] Ebd. S. 224; vgl. S. 185, 105, 189 Anm. 39. In der ‚Politeia' liegt ein ähnlicher Sachverhalt vor, VI 500d: die „Vielen" können sehen, daß über den ‚Demiurgen der Tugenden' Wahres gesagt wird.

[3] Vgl. ‚Tim.' 51e: καὶ τοῦ μὲν πάντα ἄνδρα μετέχειν φατέον, νοῦ δὲ θεούς, ἀνθρώπων δὲ γένος βραχύ τι.

[4] GAISER, a. a. O. S. 182f.; vgl. RUTENBER, a. a. O. S. 84.

[5] ‚Phdr.' 276e; vgl. ‚Pol.' VI 494d–e: ἐὰν δ' οὖν . . . διὰ τὸ εὖ πεφυκέναι καὶ τὸ συγγενὲς τῶν λόγων εἰσαισθάνηταί τέ πῃ καὶ κάμπτηται καὶ ἕλκηται πρὸς φιλοσοφίαν . . .

[6] Ep. VII 341e: ἀλλ' οὔτε ἀνθρώποις ἡγοῦμαι τὴν ἐπιχείρησιν περὶ αὐτῶν λεγομένην ἀγαθόν, εἰ μή τισιν ὀλίγοις ὁπόσοι δυνατοὶ ἀνευρεῖν αὐτοὶ διὰ σμικρᾶς ἐνδείξεως. Vgl. 341c, 345b, s. KRÄMER, a. a. O. S. 401 Anm. 38; S. 27 Anm. 27; S. 465 Anm. 169.

[7] Im ‚Politikos' wird das Ideal eines Staates angedeutet, das auf solchem grundsätzlichen ὁμολογεῖν beruht. Die πολιτικὴ τέχνη ist an sich, γυμνὸν καὶ μόνον ἐκεῖνον καθ' αὑτόν (304a), ohne Rhetorik. Doch die siebente Verfassung wird wie ein „Gott" ausgesondert (303b). Vgl. bes. 301c–d, ‚Gorg.' 482c; ‚Tim.' 29c.

in einem Maße einig, daß sich jedes Wort fast erübrigt. Die Gewißheit hat jeder von sich selber her durch die innere Schau, auf die im ‚Symposion‘, im ‚Phaidon‘ und im ‚Phaidros‘ in der Weise des μυθικῶς σοφίζεσθαι angespielt wird. Der Philosoph hat die Verbindung zum Seinsgrund, er ist weise, sich selbst genug – wie die „Götter“. „Keiner der Götter philosophiert und keiner strebt danach, weise zu werden – denn er ist es –, und auch wenn sonst jemand weise ist, so philosophiert er nicht“[1].

Das Redenkönnen gehört also einerseits zur Arete der platonischen „Götter“, d. h. der Philosophen, der sichtbaren Paradigmen für die unphilosophische Menge, doch, um es deutlich zu machen, die Runde der Philosophen hat mit einer homerischen Götterversammlung kaum etwas gemein. Der Bezug zur Umwelt bzw. das Reden hin zur Umwelt ist grundsätzlich sekundär, in Hinsicht auf die unphilosophischen Naturen notwendiges Übel, in Hinsicht auf die philosophisch Veranlagten nicht notwendig. Der Philosoph ist in seinem Streben nach der ὁμοίωσις θεῷ der von Verdenius charakterisierte „Gott“, der in Selbstgenügsamkeit lebt und sich auf seine eigene Superiorität konzentriert[2]; er ist aber kein die ἐχεμυθία übender pythagoreischer Weiser[3].

II. ARISTOTELES

Der unbewegte Beweger als Vollkommenheitsideal
an der Spitze des aristotelischen Systems

Durch die Eigentümlichkeit seiner schriftstellerischen Tätigkeit hat Platon sich selbst neben die Dichter-Theologen gestellt, ohne daß der Philosoph Platon den Dichter Platon in der Weise ernst nahm, wie es später christliche und nichtchristliche Denker, ihren eigenen Denkvoraussetzungen entsprechend, tun mußten. Daß Platons Theologie in einem solch starken Maße

---

[1] ‚Symp.‘ 204a: θεῶν οὐδεὶς φιλοσοφεῖ οὐδ᾽ ἐπιθυμεῖ σοφὸς γενέσθαι – ἔστι γάρ – οὐδ᾽ εἴ τις ἄλλος σοφός, οὐ φιλοσοφεῖ. Vgl. ‚Phdr.‘ 278d. Vgl. dazu Herakleides Pont. bei Diog. Laert. I 12: μηδένα γὰρ εἶναι σοφὸν ἄνθρωπον, ἀλλ᾽ ἢ θεόν.
[2] Vgl. oben S. 25.
[3] Vgl. dazu unten S. 72f.

sich von der des Aristoteles und der Epikurs abzuheben schien, hat seinen Grund nur in jener spielerischen Verwendung der orphisch-pythagoreischen Mythen durch Platon. Das nunmehr aufgewiesene Vollkommenheitsideal Platons steht nämlich im vierten Jahrhundert keineswegs allein da; bei Aristoteles, bei Epikur und in der bildenden Kunst läßt sich eine ähnliche Vorstellung nachweisen. Die Tatsache, daß es sich dabei wie bei Platons „Göttern" im Grunde „nur" um das Bild idealisierten Menschseins handelt, wird sich nicht leugnen lassen.

Die letzte Bemerkung dürfte trotz der abstrakten Gottesvorstellung des unbewegten Bewegers, die Aristoteles in seiner Metaphysik umrissen hat, auch für diese zutreffen. Feibleman[1] faßt seine Charakteristik des aristotelischen Gottesbegriffs mit den Worten zusammen: „God is remote, contemplative and quiet, utterly charming, and unconcernd with practical human affairs, a sort of immortal prototype of what Aristotle must have wanted himself to be". Entscheidend ist zunächst, daß Aristoteles im Unterschied zu Platon, die Tradition der Dichter formal fortsetzt, daß er seine neue Deutung der Wirklichkeit und damit auch seine neu gewonnene Gottesvorstellung in seinen Werken ausspricht.

Aristoteles ist sich mit Platon darin einig, daß mythische Götter nur dazu dienen, die „Vielen" im Staate zu erziehen, daß sie nur um der Peitho willen erdichtet sind: τὰ δὲ λοιπὰ μυθικῶς ἤδη προσῆκται πρὸς τὴν πειθὼ τῶν πολλῶν καὶ πρὸς τὴν εἰς τοὺς νόμους καὶ τὸ συμφέρον χρῆσιν· ἀνθρωποειδεῖς τε γὰρ τούτους καὶ τῶν ἄλλων ζῴων ὁμοίους τισὶ λέγουσι . . .[2] Er lehnt Götter ab, die nichts anderes sind als „unsterbliche Menschen": παραπλήσιον ποιοῦντες τοῖς θεοὺς μὲν εἶναι φάσκουσιν ἀνθρωποειδεῖς δέ· οὔτε γὰρ ἐκεῖνοι οὐδὲν ἄλλο ἐποίουν ἢ ἀνθρώπους ἀϊδίους.[3]. In der ,Nikomachischen Ethik' wird Gott zwar als „Urbild der Vollkommenheit"[4] angeführt, doch handelt es sich nicht wie bei Platon um ein sittliches Vollkommenheitsideal; der Gott des Aristoteles ist kein ethisches Paradigma: ὥστ' εἰ, καθάπερ φασίν, ἐξ ἀνθρώπων γίνονται θεοὶ δι' ἀρετῆς ὑπερβολήν, τοιαύτη τις ἂν εἴη δῆλον ὅτι ἡ τῇ θηριώδει ἀντιτιθεμένη ἕξις· καὶ γὰρ

---

[1] FEIBLEMAN, a. a. O. S. 94. Dem ganzen folgenden Abschnitt liegt Feiblemans Aristoteles-Deutung (S. 85–95) zugrunde.
[2] ,Metaph.' Λ 8, 1074b 3–7.
[3] Ebd. B 2, 997b 9–11; vgl. ,NE' X 8, 1178b 10–15.
[4] D. J. ALLAN, Die Philosophie des Aristoteles, S. 112.

ὥσπερ οὐδὲ θηρίου ἐστὶ κακία οὐδ' ἀρετή, οὕτως οὐδὲ θεοῦ . . . [1]. Nicht die πρᾶξις, sondern allein die θεωρία kommt Gott zu.[2] „Die Ansicht jedoch, daß die Götter selbst die sittlichen Tugenden besitzen, . . . war zu abwegig geworden, als daß sie ernsthafter Erwägung wert gewesen wäre". Wenn man diesen Satz von Allan[3] liest, verwundert es nur, daß man den von der sophistischen Aufklärung herkommenden Platon mit einer derart „abwegigen" Theologie in Zusammenhang bringen konnte.

Auf der anderen Seite versteht es sich, daß bei Aristoteles diejenigen Prädikationen des Göttlichen erscheinen, die schon Platon verwendet hat. Gott ist das ewige, beste (ἄριστος)[4] Lebewesen, und auch das schönste (κάλλιστος)[5]. Er erfährt keine Veränderung, ist ἀπαθής und ἀναλλοίωτος[6]; er ist vollkommen (τέλειος)[7] und rein (ἀμιγής)[8]. Gott ist αἴτιος und ἀρχή[9], was bei Aristoteles nicht den Seinsgrund, sondern die Bewegungsursache meint; er ist schließlich im Besitz vollkommener Eudaimonia[10]. Diese ist nun wie bei Platon nur dadurch denkbar, daß dem Gott die vollkommene Weisheit eignet. Das kommt darin zum Ausdruck – und ein verfeinerter Anthropomorphismus ist das eben doch –, daß die bei Platon höchste Erkenntnisweise, die νόησις[11], die dem Gott einzig angemessene Tätigkeit ist. Für die absolute Selbstgenügsamkeit und Selbstbezogenheit des unbewegten Bewegers hat Aristoteles die Formel νόησις νοήσεως gefunden: αὐτὸν ἄρα νοεῖ, εἴπερ ἐστὶ τὸ κράτιστον, καὶ ἔστιν ἡ νόησις νοήσεως νόησις[12]. Dieser Gott darf keinen Bezug nach außen haben, weil er nichts seiner selbst Würdiges antreffen kann. Er hat daher kein aktives Verhältnis zur Welt[13]; seine Aktivität besteht in der Kontemplation[14], die

---

[1] ‚NE' VII 1, 1145a 22–26.
[2] Vgl. ebd. X 8, 1178b 16–23.
[3] A. a. O. S. 120; vgl. S. 119.
[4] ‚Metaph.' Λ 7, 1072b 29.
[5] Ebd. 1072b 32.
[6] Ebd. 1073a 11; vgl. 9, 1074b 25.
[7] Ebd. 1073a 1.
[8] ‚Phys.' Θ 5, 256b 25.
[9] ‚Methaph.' A 2, 983a 8–10.
[10] ‚NE' X 7, 1177b 24–28.
[11] ‚Pol.' VI 511d.
[12] ‚Metaph.' Λ 9, 1074b 33–35.
[13] Vgl. De caelo I 279a 18ff.; s. ALLAN, a. a. O. S. 116.
[14] ‚NE' X 8, 1178b 7–10; 20f.

in der Zurückgezogenheit vollkommene Freude gewährt[1]. Es ist dies das Bild des θεὸς ἀναίσθητος, gegen den der Verfasser der ‚Magna Moralia‘, wie Merlan gezeigt hat, deutlich polemisiert[2], so daß ἀναίσθητος, wo es von einem Menschen gesagt wird[3], nicht mit „töricht", sondern „geistesabwesend" übersetzt werden muß. Aristoteles deutet selbst an, daß er so etwas wie den unbewegten Beweger bei Platon am ehesten im ‚Symposion‘ fand: κινεῖ δὲ ὡς ἐρώμενον[4]. Im übrigen steht auch die Formulierung Platons: ἐνταῦθα τοῦ βίου, . . . εἴπερ που ἄλλοθι, βιωτὸν ἀνθρώπῳ, θεωμένῳ αὐτὸ τὸ καλόν[5], der des Aristoteles über das im eigentlichsten Sinne menschliche Leben sehr nahe: καὶ τῷ ἀνθρώπῳ δὴ ὁ κατὰ τὸν νοῦν βίος, εἴπερ τοῦτο μάλιστα ἄνθρωπος. οὗτος ἄρα καὶ εὐδαιμονέστατος[6]. Der aristotelische Gott „wirkt" also nur insofern, als alles Streben bis hin zur Theoria des Philosophen auf ihn hin gerichtet ist. Ross hat das Ungenügen, das man an dieser Gottesvorstellung empfindet, wie folgt ausgedrückt: „An influence which can hardly be called an activity since it is the sort of influence that one person may unconsciously have on another, or that even a statue or a picture may have on its admirer".[7] Diese Charakterisierung ähnelt der des platonischen Gottes durch Verdenius sehr stark[8]. Bemerkenswert ist der Vergleich mit der Wirkung eines Kunstwerkes[9].

„Dies Gottesbild wirkt befremdlich. Es hat nichts gemein mit dem, was man sich gemeinhin unter einem Gott vorstellt . . .", konstatiert Walter Bröcker[10], um dann zu dem Schluß zu kommen, daß es sich bei der Theologie des Aristoteles gar nicht um Religion handle. Auch Werner Jaeger fand die Denkweise des Aristoteles „für den ästhetischen und religiösen Men-

---

[1] Ebd. VII 14, 1154b 26–28: διὸ ὁ θεὸς ἀεὶ μίαν καὶ ἁπλῆν χαίρει ἡδονήν· οὐ γὰρ μόνον κινήσεώς ἐστιν ἐνέργεια ἀλλὰ καὶ ἀκινησίας, καὶ ἡδονὴ μᾶλλον ἐν ἠρεμίᾳ ἐστὶν ἢ ἐν κινήσει. Vgl. ‚Metaph.‘ Λ 7, 1072 b 24.
[2] MERLAN, Studies in Epicurus and Aristotle, S. 85ff.; zu ‚MM‘ II 15, 1212b 33–1213a 7 s. S. 85 Anm. 27.
[3] Ebd. 1213a 5; s. MERLAN a.a.O. S. 89f. Der Begriff der ἀναισθησία wird später in der Gnosis wichtig, vgl. unten S. 74 ff.
[4] ‚Metaph.‘ Λ 7, 1072b 3.
[5] ‚Symp.‘ 211 d.
[6] ‚NE‘ X 7, 1178a 6–8.
[7] Ross, Aristotle, S. 183.
[8] Vgl. oben S. 25.
[9] Vgl. unten S. 54.
[10] W. BRÖCKER, Aristoteles, S. 221.

schen" „erschreckend"[1], mußte anerkennen, daß die Wesenseigenschaften Gottes bei Aristoteles sich alle auf den Nus bezögen, und die „Ableitung des Absoluten" „wenig erschöpfend" sei[2], meinte aber doch, daß die Gedankenführung „eine fortreißende Kraft" ausströme, „die von religiöser Empfindung getragen wird"[3]; daß hinter der ‚Metaphysik' eine „treibende religiöse Kraft" stehe, die aber „nirgendwo in ihr unmittelbar bekenntnismäßig sich vordrängt"[4]. Diese Interpretation Jaegers verwundert nicht, wenn man bedenkt, daß Aristoteles an dem vermeintlichen Theologen Platon gemessen wird; es ist bezeichnend, daß Jaeger sich die Richtigkeit seines religiösen Empfindens von dem Neuplatoniker Simplikios bestätigen läßt, wenn er am 8. Kapitel des Buches Λ der ‚Metaphysik' Anstoß nimmt: „Nach der Lektüre von Kapitel 8 dagegen ist es unmöglich, die spekulative Gedankenreihe wieder aufzunehmen, die mit Kapitel 7 abgerissen ist. Aus aufwärtsstürmendem Gedankenfluge und platonisch-religiöser Spekulation fallen wir jählings herab auf den platten Boden spintisierender Ausrechnungen und spezialistischer Klügelei. Simplicius hatte recht, wenn er erklärte, eine solche Erörterung passe viel eher in die Physik und Himmelskunde als in die Theologie, denn sie verliert sich ganz in Nebendinge und zeigt weit mehr Interesse an der exakten Ermittlung der Sphärenzahl als sie Verständnis dafür beweist, daß die barocke Vervielfältigung des πρῶτον κινοῦν, das Heer der 47 oder 55 Sphärenmotoren, dem obersten Beweger in seiner göttlichen Stellung notwendig Abbruch tut und die ganze θεολογία zu einer bloßen Angelegenheit der Himmelsmechanik macht"[5]. Bei einer solchen Betrachtung muß man die eigentliche Theologie des Aristoteles natürlich vermissen.[6]

Versucht man jedoch, den religiösen Platonismus in seinen geschichtlichen Erscheinungsformen etwas genauer zu verfolgen, so wird man an der Theologie des Aristoteles nicht nur nichts vermissen, sondern in diesem mit Feibleman den „Hauptvertreter des Platonismus"[7] sehen, sofern man

---

[1] JAEGER, Aristoteles, S. 397 f.   [2] Ebd. S. 370.
[3] Ebd. 370 f.   [4] Ebd. S. 414.
[5] Ebd. S. 371. Vgl. zu dieser Frage jetzt MERLAN, a. a. O. S. 73 ff.
[6] A. a. O. S. 232, 366. Vgl. unten S. 84 f. zu Plotin.
[7] FEIBLEMAN, a. a. O. S. 85. Die These des Buches von Feibleman wird so zu modifizieren sein, daß nicht die orphisch-pythagoreische Seite der platonischen Theologie später beherrschend wird, sondern daß diese Seite Platon ebenso fern lag wie Aristoteles und erst später „entdeckt" wurde.

Platon nicht weiterhin zum pythagoreischen Theosophen macht. Der Gott des Aristoteles ist mit dem Denken zu erfassen – er ist weder jenseits des Seins noch jenseits des Denkens –, weil der Nus das Göttlichste ist[1]. Der Philosoph ist demnach auch der Liebling der Götter.[2] „The religious life is the rational life, the holy life is the life of reason", interpretiert Feibleman sicher angemessen den Satz des Aristoteles: εἰ δὴ θεῖον ὁ νοῦς πρὸς τὸν ἄνθρωπον, καὶ ὁ κατὰ τοῦτον βίος θεῖος πρὸς τὸν ἀνθρώπινον βίον[3]. Die Theologie des Aristoteles beschreibt also ein dem platonischen ähnliches Vollkommenheitsideal; die Funktion des „Gottes" ist jeweils eine andere, das Gemeinsame besteht darin, daß es sich um ein Wesen handelt, das in Ferne und Unberührtheit verharrt. Während in der ‚Politeia' sich die Philosophen noch notgedrungen mit den Staatsgeschäften abgeben und im zweitbesten Staat, den ‚Nomoi', die Götter sich um die Angelegenheiten der Menschen kümmern, hat Aristoteles von seinem Ansatz her das ἐρώμενον oder καλόν als den absoluten Gott an die Spitze seines Systems gestellt: „Dies in ruhiger Tätigkeit in sich verschlossene, sich selbst genießende sich selbst Vernehmen ist das Seiendste, das Seiende schlechthin, der Gott"[4]. Dieser Gott ist aber ebenso wenig ein schweigender Gott, wie die philosophische Theoria religiöse Kontemplation nach Art der gnostischen oder neuplatonischen ist.

III. EPIKUR

Die Götter Epikurs sind vollkommene Menschen
wie die Götter Platons und der Gott des Aristoteles

Zu den in Platons ‚Nomoi' bekämpften Atheisten wäre neben Aristoteles auch Epikur zu rechnen. Wenn Verdenius davon sprechen kann, daß die

---

[1] ‚Metaph.' Λ 9, 1074b 16.
[2] ‚NE' X 9 1179a 24–29.
[3] Ebd. X 7, 1077b 30f.; s. FEIBLEMAN, a. a. O. S. 92.
[4] BRÖCKER, a. a. O. S. 221. Immerhin hat Platon im ‚Parmenides' das Chorismos-Problem u. a. so formuliert, daß die Perfektion der Götter ihnen jeglichen Zugang zum Bereich des Unvollkommenen unmöglich mache (133a–134d).

Ewigkeit und die Selbstgenügsamkeit der Ideen Platons die Unsterblichkeit und Macht der olympischen Götter sublimierten[1], so dürfte kein Zweifel darüber bestehen, daß diese Deutung die Götter Epikurs ebenso trifft, deren Wesensmerkmale neben ihrer Schönheit[2] ἀφθαρσία und μακαριότης sind[3]. Ihr Verhältnis zur Welt bzw. zu den Menschen kann infolge ihrer Vollkommenheit, der ein Mensch nichts hinzufügen kann – τῶν ἀνθρω[πείω]ν μηδ[ε]νὸ[ς προσ]δεῖσθαι[4] –, nur durch völlige Gleichgültigkeit bestimmt sein: „Les dieux d' Epicure, étant sans trouble comme le sage, ne prennent point souci des affaires humaines ..."[5]. Plutarch z. B. hatte gegen diese Gottesvorstellung einzuwenden, daß die Epikureer den Göttern ihr eigentliches Wesen nähmen, τὰς φωνὰς καὶ τὰ τυγχάνοντα μόνον ἀπολιπόντες[6].

Wolfgang Schmid hat durch eine eingehende Interpretation die positive Bedeutung dieser Seinsart der Götter für die epikureische Theologie aufgezeigt. Zentral ist jener nicht ganz einfache Satz des Menoikeus-Briefes, der, wie Schmid dargelegt hat, mit den dort erwähnten Aretai nur die der Götter meinen kann. Die Stelle lautet: ταῖς γὰρ ἰδίαις οἰκειούμενοι διὰ παντὸς ἀρεταῖς τοὺς ὁμοίους ἀποδέχονται, πᾶν τὸ μὴ τοιοῦτον ὡς ἀλλότριον νομίζοντες[7]. Mit τοὺς ὁμοίους sind also die Philosophen gemeint; dieser Gedanke entspricht der Auffassung des Aristoteles, daß die Götter sich „allenfalls" – εἴ τις ἐπιμέλεια[8] – um die Philosophen kümmern. Schmid führt noch ein Zitat aus Philodem[9] an, welches das Gemeinte erläutert: σώι]ζον[τες αὐτοὺς] καὶ τῶν ἄλλω[ν σωτῆρες] γίνονται. Die Götter ermög-

---

1) VERDENIUS, a. a. O. S. 274.   2) Vgl. Philodem, Περὶ θεῶν I Kol. II S. 10.
3) Ep. III 123. Vgl. Homer Δ 127f: θεοὶ μάκαρες ... ἀθάνατοι. Θ 539: ἀθάνατος καὶ ἀγήρως. FESTUGIÈRE, Contemplation, S. 256.
4) Philodem, Περὶ εὐσεβ., VH² II 105, 123 GOMP.: Frg. 38 US.; s. FESTUGIÈRE, Epicure et ses dieux, S. 97 Anm. 1; S. 98. Vgl. Philodem, de mus. VH¹ I, 46. Frg. 386 US: τὸ δαιμόνιον μὲν οὐ προσδεῖταί τινος τιμῆς. Vgl. zu diesem Gedanken oben S. 39 mit Anm. 8.
5) FESTUGIÈRE, a. a. O. S. 92f.
6) Plutarch, adv. Colot. 1119c–1120a; vgl. dazu MERLAN, a. a. O. S. 48f.
7) Ep. IV 124; s. W. SCHMID, Götter und Menschen in der Theologie Epikurs, S. 105ff.
8) ‚NE' X 9, 1179a 24. Von den Freunden der Götter schreibt auch Philodem, de deorum victu, VH¹ VI col. 1, Frg. 286 US: ... τοῖς θεοῖς καὶ θαυμάζει τὴ[ν] φύσιν [αὐτῶν κ(αὶ)] τὴν διάθεσιν καὶ πειρᾶται συνεγγί[ζειν] αὐτῇ καὶ καθαπερεὶ γλίχεται θιγε[ῖν καὶ συ]νεῖναι, καλεῖ τ[ε] καὶ τοὺς σοφοὺς τῶν [θεῶ]ν φίλους καὶ τοὺς θεοὺς τῶν σοφῶν.
9) Περὶ θεῶν III Kol. 1, 14, S. 16, mit der Ergänzung von PHILIPPSON, Hermes 56, 1921 S. 383 (a. a. O. S. 130).

lichen in ihrer Eudaimonia – gleichsam durch ihr bloßes paradigmatisches Vorhandensein – die Eudaimonia der Weisen, weil dem Menschen, als endlichem und vergänglichem Wesen, Eudaimonia zuteil wird durch das Bedenken und Betrachten des unberührt fernen und unbeschwerten Daseins der μακαριώτατοι[1]. Das Gefühl, in der Nähe der Götter zu sein, scheint sich bei den Epikureern insbesondere bei der Festschau eingestellt zu haben: ἐν δ[ὲ] ταῖς ἑορταῖς μ[ά]λιστ᾽ ε[ἰ]ς ἐπίνοιαν αὐτῆς βαδίζοντα διὰ τὸ τοὔνομα πάντα ἀνὰ στόμ᾽ ἔχειν π[άϑ]ει σφοδ[ρο]τέρωι κατα[σχεῖ[ν τὴ[ν τῶν ϑεῶν ἀφ]ϑαρσίαν[2]. Festugière übersetzt: „à comprendre (ou ‚à posséder‘) l'immortalité des dieux"[3]. Diese Freude an der Festschau begegnet auch in Platons ‚Nomoi‘[4]. Sicher kann man insofern sagen, „que cette religion d'Epi cure s'apparente à celle de Platon"[5]; die Frage ist nur, inwieweit der Empfin dungswert dieser „Religiosität" dem heutigen Leser zugänglich ist[6]. Daß Epikurs Götter nicht die schweigenden Götter Winckelmanns sind, wird noch zu zeigen sein, auffallend bleibt die Tatsache, daß Winckelmann die Vollkommenheitsvorstellung des vierten Jahrhunderts auch dem heutigen Urteil nach angemessen interpretiert hat, daß er die Verwandtschaft zwi schen Platon, Epikur und der bildenden Kunst, an der er sich vor allem orientierte, gesehen hat.

IV. DIE BILDENDE KUNST
Die Götterstatue als Verkörperung des Vollkommenheitsideals

Gerhart Rodenwaldt, der sich der von Ludwig Curtius vertretenen Auf fassung anschloß, daß in der Beurteilung der griechischen Kunst des vierten

---

[1] Schmid, a. a. O. S. 130, 136 ff., 111 ff. Zur Verbindung der Selbstbewahrung der Götter und ihrer Hinwendung zur Welt in der neuplatonischen Theologie vgl. unten S. 88 ff. und 95 ff.
[2] Philodem, περὶ εὐσεβ. VH² II 76, 1, S. 106 GOMP: Frg. 386 US.
[3] Festugière, a. a. O. S. 98.
[4] Vgl. ‚Nom.‘ II 652a–655d; 664e–665a; VII 796b–d; 814e; Festugière, Contemplation, S. 49 ff.   [5] Festugière, a. a. O. S. 95.
[6] Zur religiösen Kontemplation vgl. unten S. 71 ff.

Jahrhunderts „zu der durch Winckelmann bestimmten bewundernden Haltung des Klassizismus zurückzukehren" sei[1], hat durch seine richtungweisende Abhandlung zu zeigen versucht, daß „erst in den Bildwerken des vierten Jahrhunderts das Wesen der ῥεῖα ζώοντες olympischen Götter seinen adäquaten und klassischen ihrer φύσις entsprechenden Ausdruck gefunden (hat)"[2]. Läßt man den sich hier äußernden Entwicklungsgedanken weg, der die „griechische" Theologie im vierten Jahrhundert erst ihr Telos finden läßt, so bleibt doch festzuhalten, daß der Kunsthistoriker Rodenwaldt die gleiche „unbefriedigt" lassende Gottesvorstellung in der bildenden Kunst ermittelt wie der Philologe Ross bei Aristoteles: „Wir werden", sagt Rodenwaldt zur Wirkung der Plastik auf den Beschauer, „mit einem Schauer des Entzückens gewahr, daß wir den Gott, ohne daß er uns bemerkt, in der glücklichen Stille seines seligen Daseins belauschen"[3]. Und: „... staunend steht der Fromme vor der Erscheinung des Apoll, der an ihm vorüberschreitet, ohne ihn zu bemerken"[4]. Es gehört zum Wesen des Gottes, daß er „in seiner Vollkommenheit mit sich allein ist"[5]. Einige Zitate mögen noch zeigen, wie hier und dort auf die Zusammenhänge zwischen Philosophie und Kunst hingewiesen wird. Tobias Dohrn schreibt in seinem Aufsatz ‚Menschen und Götter zur Zeit des Praxiteles‘: „Es wäre unsinnig zu behaupten, daß man bei Praxiteles oder einem anderen Bildhauer der Epoche den Einfluß der platonischen Ideenlehre spüren könne. Aber aus einem verwandten Zeitgeist geht sowohl die Lehre von den vollkommenen Göttern hervor, die als Menschen von ewiger Glückseligkeit in den reinen Höhen des Seienden leben, als auch die eigentümliche Ferne der praxitelischen Götter, die wie eine eigene fremde Welt wirkt"[6]. Merlan

---

[1] RODENWALDT, Θεοὶ ῥεῖα ζώοντες, S. 21; vgl. S. 14: „Griechischer hatte Winckelmann die Autarkie und die selige Stille der griechischen Götter empfunden, und den adäquaten Ausdruck hatte ihnen Hölderlin in Hyperions Schicksalslied gegeben".   [2] Ebd. S. 22.
[3] Ebd. S. 6, vgl. S. 23: „Es ist gewiß, daß unserem religiösen Empfinden die Bildwerke des fünften Jahrhunderts unmittelbarer entsprechen als die der zweiten Klassik". Vgl. Ross oben S. 49.
[4] Ebd. S. 21; vgl. S. 12.   [5] Ebd. S. 13, mit Hinweis auf Platon, ‚Tim.‘ 34 d.
[6] DOHRN, a. a. O. S. 238. Der Unterschied zur Götterstatue des 5. Jahrhunderts ist der, daß den Werken eines Pheidias oder Polyklet eine innere Spannung eignet, die auf den Zuschauer wirkt, ihn anspricht, Verehrung erheischt (S. 236, 243), während der sinnende, glückselige Gott, etwa der Apollon Sauroktonos des Praxiteles oder die Eirene des Kephisodot sich gegen den Betrachter abschließt (S. 238 f.). Vgl. RODENWALDT, a. a. O. S. 6; WEBSTER, Art und Literatur, S. 39.

kommt in seinen ‚Studies in Epicurus and Aristotle' auf die bildende Kunst zu sprechen: „I do not mean to say that the sculptor was an Epicurean either avant or après la lettre. But I do mean to say that strange as the absentee gods of Epicurus may appear to our thinking, Epicurus might have been in this respect clear to the Greek theological mode of feeling"[1]. Wolfgang Schmid kommt ausdrücklich auf Winckelmann zurück: „Winckelmann hat in seiner Charakteristik des Belvederischen Apollon ausgesprochen, daß ‚der Friede, welcher in einer seligen Stille auf der Stirn schwebt, ungestört bleibt'. Eben dies und nichts anderes hat Epikur sagen wollen . . ."[2].

Die Schwierigkeit, der Eigentümlichkeit dieser Gottesvorstellung gerecht zu werden, tritt sofort zutage, wenn man sich, wie es Karl Schefold in seinem Buch ‚Griechische Kunst als religiöses Phänomen' getan hat, dieser unmittelbar zu stellen sucht: „Hier erfüllt sich das Eigentümlichste griechischer Religiosität, das uns heute besonders angeht, weil es uns etwas zu sagen hat, das uns fehlt"[3]. Die Verwandtschaft zwischen Platons Ideen und der Auffassung der Götter, die sich in der spätklassischen Plastik manifestiert hat, wird klar gesehen[4], doch das religiöse Empfinden meldet Vorbehalte an: „Das Für-sich-Sein der Götter bedeutet aber nicht, daß ihnen die Menschen gleichgültig sind, sonst könnten sie ja nicht der tiefste Grund der Wirklichkeit sein"[5]. Bezeichnenderweise muß Schefold, um diese These zu stützen, auf die volkstümlichen Gotter Asklepios und Demeter zurückgreifen: „Aus den Zügen des Asklepios und der Demeter spricht inniges Empfinden mit dem Leid der Menschen"[6]. Das selige Dasein der Götter, „der stille Zauber dieser Kunst", gilt als sichtbares Zeugnis der in den Mysterien verkündigten Verheißungen[7]. Eine solche Deutung schließt Epikur, der ein Fortleben der Seele nach dem Tode ausdrücklich leugnet, ganz sicher aus. Allem Anschein nach – und das soll unsere Untersuchung

---

[1] A. a. O. S. 71.
[2] A. a. O. S. 112.
[3] SCHEFOLD, a. a. O. S. 114.
[4] Ebd. S. 114 ff.
[5] Ebd. S. 118.
[6] Ebd. S. 118. Vgl. RODENWALDT, a. a. O. S. 23: „Ist es doch überhaupt die olympische Religion, die für uns viel schwerer verständlich ist als die griechische Volksreligion."
[7] Ebd. S. 119.

demonstrieren – ist nichts so verkehrt, wie das Bemühen, unter Vernach-
lässigung der individuellen Züge, die jede Aussage an sich hat, sei es eine
philosophische, eine künstlerische, oder die eines einfachen Grabreliefs,
eine abstrakte „griechische" Gottesvorstellung fassen zu wollen. Denn
schon innerhalb einer Epoche kommt man damit nicht zu schlüssigen Ergebnissen. [1]

---

[1] Von einer anderen Seite her führt das bei WALTER F. OTTO, Der griechische
Göttermythos bei Goethe und Hölderlin, jetzt a. a. O. S. 200, so weit, daß Hölderlin sozusagen „griechischer" denkt als Epikur: „Und es ist besonders auffällig,
wieviel die Götter Epikurs, die Seligen, um den Menschen unbekümmerten Un-
sterblichen, mit dem, was Hölderlin meint, gemein haben. Aber der Unterschied
ist nicht weniger bedeutend. Hölderlins Göttliches ist von der Natur nicht getrennt, sondern im Gegenteil, es ist ihr innerstes Sein".

ZWEITES KAPITEL

*Die Verbindung von göttlicher Vollkommenheit und Sprachlichkeit
in der Diskussion der späteren Philosophenschulen*

Die Theologie Epikurs ist eine zeitgemäße Interpretation des Wesens der homerischen Götter, denn daß die Götter sich nicht um den Menschen kümmern und von seinen Leiden nicht auch selbst betroffen werden, ist, „objektiv" betrachtet, gerade der ‚Ilias' am wenigsten zu entnehmen. Wenn man von dem, wie man meinen möchte, naiv-altgriechischen Anthropomorphismus der epikureischen Götterlehre einmal absieht, die bewußte Kampfansage des Semiten Zenon an die Lehren Epikurs ist wohl nicht zuletzt auch ein Angriff gegen die Isolierung des Göttlichen gewesen, ein Angriff, dessen „Erfolg" die 200 Jahre später konzipierte Sympatheia-Lehre des Poseidonios vollauf bestätigt. Da die Stoiker andererseits von ihrem immanenten Gott alle anthropomorphen Züge fernhielten – gerade in der Stoa nahm die allegorische Auslegung Homers einen bedeutenden Aufschwung –, mußte die sich entspinnende Schuldiskussion auch auf einen so wichtigen Punkt wie das Reden der Götter eingehen, mit anderen Worten, man wird Aufschluß darüber erwarten dürfen, ob das Schweigen zum Wesen Gottes gehört oder nicht.

Wie wenig Platon und Aristoteles an einer theologischen Spekulation in einem religiös engagierten Sinne gelegen hatte, zeigt der Umstand, daß – wenigstens den vorhandenen Quellen nach zu urteilen – erst im dritten Jahrhundert v. Chr. wieder Fragen diskutiert werden, die man in den Anfängen philosophisch-theologischer Auseinandersetzungen mit den Mythen der Dichter aufgeworfen hatte. Schon diese Kritik bediente sich verständlicherweise der via negationis, um die eigenen Vorstellungen deutlich werden zu lassen. So hatte Xenophanes u. a. den Gedanken verworfen, daß der Gott eine Stimme hätte: ἀλλ' οἱ βροτοὶ δοκέουσι γεννᾶσθαι θεούς, τὴν σφετέρην ἐσθῆτα ἔχειν φωνήν τε δέμας τε[1]. Positiv hatte er zum Ausdruck gebracht, Gott benötige nicht – wie der Mensch – besondere Organe zur

---

[1] Frg. B 14 DIELS-KRANZ. Vgl. Frg. B 23: εἷς θεός, ἔν τε θεοῖσι καὶ ἀνθρώποισι μέγιστος, οὔτε δέμας θνητοῖσι ὁμοίιος οὐδὲ νόημα. Vgl. Platon ‚Symp.' 211a.

äußeren und inneren Wahrnehmung: οὖλος ὁρᾶι, οὖλος δὲ νοεῖ, οὖλος δὲ τ' ἀκούει[1]. Zeichnet sich bei Homer göttliches Wesen u. a. dadurch aus, daß ein Gott sich sehr rasch fortzubewegen vermag[2], so setzt Xenophanes dem den in steter Ruhe verharrenden Gott entgegen: αἰεὶ δ' ἐν ταὐτῷ μίμνει κινούμενος οὐδέν/οὐδὲ μετέρχεσθαί μιν ἐπιπρέπει ἄλλοτε ἄλληι[3]. Diese Unbewegtheit steht in Einklang mit der Mühelosigkeit, mit welcher der Gott alles zu vollenden vermag, beides zusammen verleiht ihm die ihm angemessene Erhabenheit[4]. Xenophanes darf mit dieser gereinigten Gottesvorstellung als neuer Dichter-Theologe im Sinne Platons gelten, auch er fordert dazu auf, „mit frommen Mythen und reinen Worten"[5] den Gott zu preisen.

Offenbar wurde nach dem Ausklingen der sophistischen Aufklärung, sofern sie nicht in der Skepsis endete, im dritten Jahrhundert wieder in ähnlicher Weise wie bei Xenophanes Theologie getrieben. Der Inhalt des oben zitierten Fragments über die Wahrnehmung Gottes ist an einer Stelle bei Diogenes von Laerte wiedergegeben mit dem Zusatz, Gott atme nicht: ὅλον δὲ ὁρᾶν καὶ ὅλον ἀκούειν, μὴ μέντοι ἀναπνεῖν· σύμπαντά τε εἶναι νοῦν καὶ φρόνησιν καὶ ἀΐδιον[6]. Anscheinend war es strittig, ob man den Geruchssinn zu den auf das grob Materielle angewiesenen Empfindungen wie Gefühls- und Geschmackssinn zu rechnen habe. Diese Ergänzung ist deswegen interessant, weil Hermarch, der Schüler und Nachfolger Epikurs in der Leitung des Kepos, gerade das Gegenteil behauptet hat: νοητέον δὲ κατὰ τὸν Ἕρμαρχον κ(αι) ἐπισπωμ[ένους π]νεῦ[μ]α κ(αι) προιεμένους τοὺς θεούς[7].

---

[1] Frg. B 24. Vgl. dazu JAEGER, Die Theologie der frühen griechischen Denker, S. 62f.

[2] Θ 42, 392; Ω 340ff.; B 17, 786; Γ 129; E 353.

[3] Frg. B 26. Vgl. JAEGER, a. a. O. S. 57f. mit Anm. 29 (S. 248). Zum Begriff des πρέπον, JAEGER, a. a. O. S. 63f. Vgl. noch das Homer-Scholion B zu Y 67 über Theagenes von Rhegion, Frg. 2 DIELS-KRANZ: τοῦ ἀσυμφόρου μὲν ὁ περὶ θεῶν ἔχεται καθόλου λόγος, ὁμοίως δὲ καὶ τοῦ ἀπρεποῦς· οὐ γὰρ πρέποντας τοὺς ὑπὲρ τῶν θεῶν μύθους φησίν.

[4] Frg. B 25: ἀλλ' ἀπάνευθε πόνοιο νόου φρενὶ πάντα κραδαίνει. Vgl. Aischylos, ,Hik.' 100ff. JAEGER, a. a. O. S. 58, 62ff.

[5] Frg. B 1, 13f. Vgl. oben S. 16f.

[6] Frg. A 1.

[7] Philodem, περὶ θεῶν III Kol. 13 S. 36 DIELS. Vgl. den Kommentar S. 48ff. mit Hinweis auf Xenophanes (S. 49). Hermarch hat wahrscheinlich in seinem Werk Ἐπιστολικὰ περὶ Ἐμπεδοκλέους seine Abhandlung περὶ θεῶν διαγωγῆς eingelegt (S. 49). Vorher wird über Schlaf und Nahrung der Götter gehandelt

Dies ist aber kein „theologisches", sondern ein „naturwissenschaftliches" Argument; es ist nur die Voraussetzung für die theologische Aussage, daß die Götter eine Stimme haben und reden können. Die Stimme entsteht nämlich, der allgemein anerkannten Theorie zufolge, dadurch, daß die in den zur Stimmbildung notwendigen Körperteilen anwesende Psyche die eingeatmete, in der Luftröhre befindliche Luft gegen diese stößt. Bei den Stoikern wird die Stimme kurz als „gestoßene Luft" definiert[1]. Es ist deutlich, warum Hermarch darauf besteht, daß die Götter atmen; die Begründung folgt auch wenig später: μήτε δ' εἶναι πεζ[ὰ μ]ήτε φθ[όγ]γον ἔμ[με]τ[ρον] οὐ πρ(οσ)δεόμενον ἀναπνοῆς οὐ ῥητέον[2]. In der sich anschließenden theologischen Argumentation kommt sehr nachdrücklich der reflektierte Anthropomorphismus der Epikureer zu Wort. Es sei nicht einzusehen, meint Hermarch, weshalb die Götter eine Steigerung ihres glückseligen Zustandes erfahren sollten, wenn sie nicht redeten und sich nicht unterhielten: οὐ γὰρ μᾶλλον εὐδαίμονας κ(αι) ἀδιαλύτους νοήσομεν, φησί, μὴ φωνοῦντας μηδ' ἀλλήλοις διαλεγομένους[3]. Der entscheidende Gesichtspunkt ist aber der – und hier wird aus der ὁμοίωσις θεῷ eine ὁμοίωσις ἀνθρώπῳ –, daß man den Göttern nicht nehmen könne, was für die Philosophen Quelle unsagbarer Lust sei, das Gespräch mit Gleichgesinnten: τῷ γὰρ ὄντι φωνῇ χρωμένων ἡμῶν, ὅ(σοι) μή τι πεπηρώμεθα, τοὺς θεοὺς ἢ πεπηρῶσθαι ἢ μὴ κατὰ τ[ο]ῦθ' ἡμῖν ὁμοιῶσθαι, μηδ' [ἑτέρ]ης μηδετέρων ἐκκοπτόντων ἀναφθέγματα, [κ(αι)] ὑπερεύηθες, ἄ[λλως τε] καὶ τῆς πρὸς τοὺς ὁμοίου[ς] τοῖς σπουδαίο[ις] κοινολογίας ἄφατον ἡδονὴν καταχεούσης[4]. Hier wird aus

---

[1] Platon gibt ‚Tim.' 67b eine Definition, die aber nur die akustische Seite berücksichtigt. Aristoteles schreibt de anima B 420b 27ff.: ὥστε ἡ πληγὴ τοῦ ἀναπνεομένου ἀέρος ὑπὸ τῆς ἐν τούτοις τοῖς μορίοις ψυχῆς πρὸς τὴν καλουμένην ἀρτηρίαν φωνή ἐστιν. Vgl. ‚Probl.' XI 23, 901b, 17ff.; 51, 904b, 28ff. Die stoische Definition findet sich VSF von Arnim I 74; II 139. Dazu II 144: ἀλλ' ἡ μὲν φωνὴ ἔργον ἐστὶ τῶν φωνητικῶν ὀργάνων. Vgl. M Pohlenz, Die Stoa II S. 22. Epikur spricht auch von der πληγὴ ἐν ἡμῖν, ὅταν φωνὴν ἀφίωμεν, die bestimmte Partikel in Bewegung versetzt (Ep. I 53). Vgl. später Philon, migr. Abrah. 47; somn. I 29 u. ö.; Origenes, gegen Kelsos VI 62, Werke Bd. II S. 132.
[2] Philodem, a. a. O. Kol. 13 S. 36.
[3] Ebd. S. 36f. Cicero, de nat. deorum I 34, 95, fragt umgekehrt zur Menschengestalt der Götter allgemein: „Sed clamare non desinitis retinendum hoc esse, deus ut beatus immortalisque sit. Quid autem obstat, quo minus sit beatus si non sit bipes . . .".
[4] Ebd. Kol. 13/14, S. 37. Vgl. Cicero a. a. O. I 32, 90: „Nec vero intellego, cur maluerit Epicurus deos hominum similes dicere quam homines deorum".

dem Bewußtsein heraus, daß man höchste Seinsmöglichkeit schlechthin selbst schon verwirkliche, ein Sein der Götter postuliert, das dem der Menschen nur das quantitative Moment der ewigen Dauer voraus hat[1]. Die Vollkommenheit schließt für den Epikureer gerade das Sprachvermögen mit ein, nicht aber sind die von Epikur beschriebenen Götter schweigende Götter.

Epikureer und Stoiker fanden ihren schärfsten Gegner in dem im 2. Jahrhundert lebenden „skeptischen" Platoniker Karneades. Bei Cicero ist dessen Kritik an Epikurs Lehren greifbar. Im ersten Buch der Schrift ‚Über das Wesen der Götter' wird die Annahme, die Götter hätten menschliche Gestalt, unter dem Aspekt der Zweckmäßigkeit ad absurdum geführt: „Ne hoc quidem vos movet considerantis, quae sit utilitas quaeque opportunitas in homine membrorum, ut iudicetis membris humanis deos non egere?"[2] Der Körper mit seinem Organismus hat nur als Körper des Menschen eine sinnvolle Funktion. Das gilt selbstverständlich auch für die Teile des Körpers, welche die menschliche Stimme hervorbringen: „Habebit igitur linguam deus et non loquetur, dentes, palatum, fauces, nullum ad usum, quaeque procreationis causa natura corpori adfinxit ea frustra habebit deus."[3] Die Art der Kritik des Karneades wird sogleich noch deutlicher werden; zu Cicero selbst ist zu sagen, daß er offenbar stillschweigend eine Gottesvorstellung voraussetzt, die der des Xenophanes nicht fernsteht. Eine andere Stelle, die wohl auf Poseidonios zurückgeht, und die zugleich an das platonische ὁμολογεῖν erinnert, macht das wahrscheinlich: „Ut enim deorum animi sine oculis, sine auribus, sine lingua sentiunt

---

[1] Vgl. Cicero, de fin. II 27, 88: Frg. 602 US. Zur Frage der Vermittlung des Gedankenguts des Karneades in de nat. deorum I 57 bis Ende vgl. Philippson, RE VII A 1, Sp. 1154 und A. D. Pease, M. T. Ciceronis De natura Deorum, Cambridge-Mass., 1955, I S. 447f.

[2] A. a. O. I 33, 92.

[3] Etwas später werden noch einmal alle Tätigkeiten, die die Epikureer konsequenterweise den Göttern nachsagen müssen, aufgezählt: ingressus, cursus, accubitio, inclinatio, sessio, comprehensio, ad extremum etiam sermo et ratio (ebd. I 34, 94). R. Hirzel, Untersuchungen zu Ciceros philosophischen Schriften, Leipzig 1877, I S. 173ff., ist inzwischen widerlegt. Pease, a. a. O. S. 448 möchte dentes, palatum, fauces nicht mit der Sprache, sondern mit der Nahrungsaufnahme in Zusammenhang gebracht wissen. Das paßt aber schlecht zu procreatio; außerdem spricht man auch sonst von den φωνητικὰ ὄργανα (s. oben Anm. 1 S. 59). Vgl. noch Philon von Alexandria, leg. alleg. III 57; decal. 32.

inter se, quidquid quisque sentiat (ex quo fit, ut homines, etiam cum taciti optent quid aut voveant, non dubitent, quin di illud exaudiant.) ..."[1].

Sextus Empiricus, selbst Skeptiker, läßt, anders als Cicero, Karneades stärker mit seiner ursprünglichen Intention zu Wort kommen. Durch Aufzeigen der Widersprüchlichkeit, die eine Gottesvorstellung in sich birgt, wird die Existenz eines solchen Gottes bestritten. Unter anderem wird da ganz schulmäßig das Reden der Götter abgehandelt: καὶ ἔτι, εἰ ἔστιν (sc. τὸ θεῖον) ἤτοι φωνᾶέν ἐστι ἢ ἄφωνον. Es wird davon ausgegangen, daß ein Gott, wenn er überhaupt existiert, nach allgemeiner Überzeugung gar nicht anders als redend gedacht werden kann: τὸ μὲν οὖν λέγειν ἄφωνον τὸν θεὸν τελέως ἄτοπον καὶ ταῖς κοιναῖς ἐννοίαις μαχόμενον [2]. Dies läßt sich aber andererseits mit dem Wesen Gottes nicht vereinbaren: Wenn Gott eine Stimme hat, müßte er auch die entsprechenden „Werkzeuge" haben: εἰ δὲ φωνᾶέν ἐστι, φωνῇ χρῆται καὶ ἔχει φωνητικὰ ὄργανα, καθάπερ πνεύμονα καὶ τραχεῖαν ἀρτηρίαν γλῶσσάν τε καὶ στόμα. τοῦτο δὲ ἄτοπον καὶ ἐγγὺς τῆς Ἐπικούρου μυθολογίας[3]. Karneades führt die Sache noch bis zu dem strittigen Punkt weiter, welche Sprache ein Gott wohl beherrschen müßte. Für Hermarch kam nur die griechische Sprache in Frage[4], während Karneades die Bevorzugung einer Sprache nicht gelten lassen kann, da der Gott sonst für andere Sprachen Dolmetscher zu Hilfe nehmen müßte[5]. Die Folgerung ist also die, daß es keinen Gott gibt, weil er keine Stimme haben kann: ῥητέον τοίνυν μὴ χρῆσθαι φωνῇ τὸ θεῖον, διὰ δὲ τοῦτο καὶ ἀνύπαρκτον εἶναι[6]. Jedem, der von der Existenz eines Gottes spricht, soll demnach klargemacht werden, daß doch immer nur ein anthropomorpher und d. h. ein in seinen Möglichkeiten beschränkter Gott denkbar ist. Die Kritik richtet sich offensichtlich gegen den persönlichen, vernünftigen Gott der Stoiker, denen bewiesen werden soll, daß sie sich in der nächsten Nähe der „epikureischen Mythologie" bewegen, wenn man ihren Ansatz

---

[1] De div. I 129; s. K. Reinhardt, RE XXII 1, 1953 Sp. 802. Vgl. Plinius, nat. hist. II 14: quisquis est deus, si modo est alius ... totus est sensus, totus visus, totus auditus, totus animae, totus animi, totus sui. S. Theiler, Vorbereitung des Neuplatonismus, S. 82f.
[2] Sextus Empiricus, adv. Phys. I 178.
[3] Ebd. 178.
[4] Philodem, a. a. O. Kol. 14, S. 37.
[5] Sextus Empiricus, a. a. O. I 179.
[6] Ebd. 179.

konsequent zu Ende denkt. Natürlich wird von den Stoikern die Vorstellung eines „redenden Gottes", die man besonders auch bei Homer fand, abgelehnt[1]. Nach stoischer Lehre „sprechen" die Götter durch Zeichen[2].

[1] VSF II 144 (Galen zu Homer T 407): οὕτως οὖν καὶ „θεὸν αὐδήεσσαν" εἴρηκε τὴν ἀνθρωπίνη διαλέκτῳ χρωμένην, ὅτι καὶ αὐτὴν ἀνθρωποειδῆ φασιν εἶναι, μὴ πάντων τῶν θεῶν τοιούτων ὑπαρχόντων. ἐναργῶς γοῦν ἥλιος καὶ σελήνη καὶ τὰ λοιπὰ τῶν ἄστρων ἀποκεχώρηκε πάμπολυ τῆς τῶν ἀνθρώπων ἰδέας.
[2] Vgl. zur Mantik POHLENZ, Stoa I, S. 106 ff.

DRITTES KAPITEL
Die Entdeckung
des vollkommenen und göttlichen Redens

1. *Das Reden der Götter:*
die natürliche Mantik bei Poseidonios

Ein anderer Streit zwischen Karneades und den Stoikern war der, ob auch bei den Tieren ein Logos, Sprache und Denken, anzunehmen sei Folgen- reich sollte die in diesem Zusammenhang vorgenommene Zerlegung des Logos in einen innerlichen (ἐνδιάθετος) und einen äußerlichen (προφο- ρικός)[1] sein. Das Nachdenken über die Qualität dieser beiden Seiten des Logos mußte, sofern die orphisch-pythagoreische Entwertung alles Kör- perlichen nachvollzogen wurde, dem innerlichen eine höhere Wertung zuteilwerden lassen. Heinrich Dörrie hat darauf hingewiesen, daß etwa im Platonismus infolge der Lehre von der οὐσία χωριστή dem Körper im- manente Qualitäten selbst als körperlos gelten konnten, daß ἀσώματος geradezu die Vokabel wurde, die das „Nicht-mit-dem-Diesseits-verhaftet- Sein" bezeichnet, d. h. zum vornehmsten Prädikat des Göttlichen wurde.[2] Der innerliche Logos wurde entdeckt als Möglichkeit der reinen und un- mittelbaren Kommunikation mit dem Göttlichen. Spätestens seit Posei- donios, so scheint es, ist die Diskussion über das Reden der Götter — völlig anders als bei den Epikureern — in einen neuen, die Existenz des Men- schen betreffenden Zusammenhang gebracht worden. Das geschieht durch

---

[1] Diese termini sind der alten Stoa fremd und wohl Allgemeingut, s. POHLENZ a. a. O. II S. 21. Vgl. SVF II 135, 223; 167: λέγειν γάρ ἐστι . . . τὸ τὴν τοῦ νοουμένου πράγματος σημαντικὴν προφέρεσθαι φωνήν. Die Unterscheidung ist schon bei Platon vorhanden: ὁ μὲν ἐντὸς τῆς ψυχῆς πρὸς αὐτὴν διάλογος ἄνευ φωνῆς γιγνόμενος τοῦτ᾽ αὐτὸ ἡμῖν ἐπωνομάσθη, διάνοια; – τὸ δὲ γ᾽ ἀπ᾽ ἐκείνης ῥεῦμα διὰ τοῦ στόματος ἰὸν μετὰ φθόγγου κέκληται λόγος („Soph.' 263 e); vgl. 264 a; ‚Theait.' 190 a; ‚Phileb.' 38 c; vgl. POHLENZ, a. a. O. I S. 39 f.: II S. 21 ff; I S. 412 f.: II S. 199.
[2] DÖRRIE, Porphyrios' Sym. Zet., S. 180 ff. Der Ausdruck gehört in die negative Theologie mit ihrem Weg κατ᾽ ἀφαίρεσιν; s. S. 180 Anm. 3. Vgl. Albinos, Didaskalikos X, S. 165 HERMANN; Plotin Enn. VI 7, 36; Marc Aurel, Εἰς ἑαυτόν, X 38, 2.

die Beschäftigung mit der „natürlichen" Mantik, die das übersinnliche Sehen in Traum und Ekstase ist, im Gegensatz zur „künstlichen" Mantik, welche die Götterzeichen in der Natur deutet[1]. Die oben (S. 60f.) zitierte Stelle aus Ciceros Schrift ‚De divinatione' lautet in der Fortsetzung: „... sic animi hominum, cum aut somno soluti vacant corpore aut mente permoti per se ipsi liberi incitati moventur, cernunt ea quae permixti cum corpore animi videre non possunt"[2]. Die natürliche Mantik ist also eine Erkenntnismöglichkeit ohne Zuhilfenahme der Sinne. Über den die höhere Erkenntnis bedingenden Körperzustand heißt es noch: „Viget enim animus in somnis liberque est sensibus omni ac impeditione curarum iacente et mortuo paene corpore"[3]. Drei Arten der natürlichen Mantik hatte Poseidonius unterschieden: Die Seele erkennt entweder aus eigener Kraft oder durch Kommunikation mit den Seelen in der Luft oder drittens, indem die Götter zu ihr sprechen: „tertio, quod ipsi di cum dormientibus colloquantur"[4]. Ähnlich erklärt Plutarch – wohl mit Poseidonios – das Sprechen des sokratischen Daimonions mit dem Hinweis darauf, daß man im Traum auch keine Stimme höre, aber doch deutlich Mitteilungen vernähme: ὥσπερ καὶ καθ' ὕπνον οὐκ ἔστι φωνή, λόγων δέ τινων δόξας καὶ νοήσεις λαβόντες οἴονται φθεγγομένων ἀκούειν[5]. Voraussetzung dafür, des göttlichen Redens gewahr zu werden, ist entsprechend Cicero „mortuo paene corpore" die völlige Loslösung der Seele vom Körper, ἡσυχία und γαλήνη müssen sich als Zustand des Körpers eingestellt haben[6].

Hielte man sich nur an das Vokabular, so könnte man hier den Schluß ziehen, daß diese Lehre des Poseidonios doch „im Grunde" gut stoisch oder gut platonisch, oder beides zusammen sei, oder – in einem weiteren Rahmen –, daß auch hier sich die Anschauung von der Stille und Ruhe als der vornehmsten menschlichen Haltung in griechischer Philosophie

---

[1] Vgl. Cicero, de div. I 109ff.; dazu REINHARDT, RE Sp. 802; POHLENZ, a. a. O. I S. 106ff.
[2] A. a. O. I. 129.
[3] Ebd. I 115; s. REINHARDT, RE Sp. 802.
[4] Cicero, a. a. O. I 64; s. REINHARDT, RE Sp. 802.
[5] Plutarch, de genio Socratis 20, 588d.
[6] Ebd. 588d.

bemerkbar mache[1]. Dem gegenüber muß betont werden, daß der „eigentliche Kern" einer Anschauung keiner historischen Realität entspricht, daß folglich nur die tatsächlichen individuellen Auffassungen und Lehren interessieren können.

So bedeutet für Poseidonios Apathie ganz offensichtlich die Erfüllung der Voraussetzung für übersinnliche Erkenntnis. In diesem Sinne ist der Nus des Sokrates καθαρός und ἀπαθής, denn das heißt εὐαφής und λεπτὸς ὑπὸ τοῦ προσπεσόντος ὀξέως μεταβαλεῖν.[2]. Diese Lehre des Poseidonios ist nicht nur Ergebnis des Zusammenwirkens platonischer und stoischer Gedanken, sondern es verrät sich darin die Herkunft des Philosophen, der Vordere Orient, was schon Josef Kroll bei seiner Arbeit über den Hermes Trismegistos vermerkt hat. Sein Urteil darf hier vorangestellt werden: „Jedenfalls finden wir bei Poseidonios ganz deutlich die Formen ekstatischen Schauens und Erkennens der Wahrheit wieder, die wir oben in den hermetischen Schriften unterschieden, nur erscheinen sie uns immer noch mehr in philosophischem als in religiös-mystischem Gewande."[3] Ciceros ‚Somnium Scipionis' etwa ist eine übersinnliche Schau, die der Seele eigentlich erst nach dem Tode zuteil werden kann, doch „iam tum cum erit (sc. animus) inclusus in corpore, eminebit foras et ea quae extra erunt, contemplans quam maxime se a corpore abstrahet"[4].

Das lautlose göttliche Reden ist nach Plutarch so zu erklären, daß das Mitgeteilte – das δηλούμενον oder das νοηθέν – den Vernehmenden „berührt": τὸ δὲ προσπῖπτον οὐ φθόγγον ἀλλὰ λόγον ἄν τις εἰκάσειε δαίμονος ἄνευ φωνῆς

---

[1] Vgl. z. B. Rehm, Götterstille, S. 112: „Schon die Antike erhebt dies Bild von der Meeres- und Windstille ins Geistige und Seelische. Plato, Sophokles, Euripides, Epikur gebrauchen das Bild und später Epiktet, Seneca, Cicero, Marc Aurel, Plutarch, Boethius. Von ihnen nimmt es Winckelmann und versteht es wie die antike Ethik als ‚ethisches Prinzip', als Forderung und Gesetz für den Menschen: γαλήνη, serenitas, hilaritas, tranquillitas, Begleitbegriffe der ἀταραξία, der Leidenschaftslosigkeit und Unerschütterlichkeit der Seele . . . .".

[2] Plutarch, a. a. O. 20, 588 d.

[3] J. Kroll, Hermes Trismegistos, S. 357 f.

[4] Cicero, a. a. O. 28; s. J. Kroll, a. a. O. S. 358. Vgl. die vom Schreiber des 2. Timotheus-Briefes (2, 18) bekämpfte gnostische Lehre: ἀνάστασιν ἤδη γεγονέναι. Paulus wendet sich Röm. 8,24 gegen Gnostiker, die eine ἐλπὶς βλεπομένη kennen, d. h. die die zukünftige Herrlichkeit schon gesehen haben.

ἐφαπτόμενον αὐτῷ τῷ δηλουμένῳ τοῦ νοοῦντος[1]. Das Verbum ἅπτεσθαι, das bzw. dessen Komposita den Erkenntnisvorgang bezeichnet, kommt schon bei Platon gerade in Verbindung mit ἀλήθεια vor[2]. Der Zusatz πληγῆς μὴ δεομένην mit dem phonetischen terminus technicus zeigt sehr schön, wie man – daß die Götter überhaupt reden, ist dabei selbstverständliche Voraussetzung[3] – den höheren Rang göttlichen Redens gegenüber dem menschlichen bis ins einzelne nachzuweisen sucht. Der „Stoß“, der mit dem menschlichen Reden verbunden ist, tue den Ohren des Hörers Gewalt an: πληγῇ γὰρ ἡ φωνὴ προσέοικε, τῆς ψυχῆς δι’ ὤτων βίᾳ τὸν λόγον εἰσδεχομένης ὅταν ἀλλήλοις ἐντυγχάνομεν[4]. Dies trifft für das Vernehmen der göttlichen Rede nicht zu, da die Seele sich von selbst den göttlichen Weisungen fügt: ἡ δ’ ἐνδίδωσι αὐτῷ χαλῶντι καὶ συντείνοντι τὰς ὁρμὰς οὐ βιαίως ὑπὸ παθῶν ἀντιτεινόντων, ἀλλ’ εὐστρόφους καὶ μαλακάς, ὥσπερ ἡνίας ἐνδούσας[5]. Das „Berühren“ ist nun seinerseits ein Vorgang wie der, wenn Lichtstrahlen aus entgegengesetzten Richtungen sich berühren: „Wenn jedoch die nur gedachte Rede ohne Stimme den Körper so mühelos bewegt, so dürfte man meiner Ansicht nach dem ohne weiteres Glauben schenken, daß die Vernunft von einer edleren Vernunft und einer göttlicheren Seele geleitet wird, die sie von außen her berührt in der Weise, wie eben ein Logos mit einem anderen in Berührung kommen kann, nämlich wie Licht mit Gegenlicht“[6]. Diese Interpretation, daß das

---

[1] Plutarch, a. a. O. 588e; vgl. noch ebd.: ὁ δὲ τοῦ κρείττονος νοῦς ἄγει τὴν εὐφυᾶ ψυχὴν ἐπιθιγγάνων τῷ νοηθέντι πληγῆς μὴ δεομένην. Vgl. Cicero, de div. I 110: . . . necesse est contagione divinorum animorum animos humanos commoveri. Vgl. REINHARDT, RE Sp. 803.
[2] Vgl. ‚Tim.‘ 90c; ‚Pol.‘ X, 600e; ‚Phaid.‘ 67b. Im ‚Tim.‘ (37b) vermittelt der Logos ἄνευ φθόγγου καὶ ἠχῆς der Weltseele je nach Erkenntnisbereich Meinung oder Wissen.
[3] Vgl. Karneades oben S. 61.
[4] Plutarch, a. a. O. 588e.
[5] Plutarch, a. a. O. 588e–f.
[6] Ebd. 589b: ἀλλ’ εἰ σῶμα μὲν δίχα φωνῆς ἐννοηθεὶς κινεῖ λόγος ἀπραγμόνως οὕτως, οὐκ ἄν οἶμαι δυσπίστως ἔχοιμεν ὑπὸ νοῦ κρείσσονος νοῦν καὶ ψυχῆς θειοτέρας ἄν ἄγεσθαι θύραθεν ἐφαπτομένης ἢ πέφυκεν ἐπαφὴν λόγος ἴσχειν πρὸς λόγον ὥσπερ φῶς ἀνταύγειαν. Vgl. ebd.: αἱ δὲ τῶν δαιμόνων (sc. νοήσεις) φέγγος ἔχουσαι τοῖς δαιμονίοις ἐλλάμπουσι, οὐ δέομεναι ῥημάτων οὐ δὲ ὀνομάτων . . . . Vgl. ders., Isis und Osiris 78, 362c. Demgegenüber bleibt alle zwischenmenschliche Verständigung wie in einem Dunkel. Nur die Abbilder der Gedanken können mitgeteilt werden: εἴδωλα τῶν νοουμένων καὶ εἰκόνας ὁρῶσιν, αὐτὰ δὲ οὐ γιγνώσκουσι πλὴν οἷς ἔπεστιν ἴδιόν τι καὶ δαιμόνιον ὥσπερ εἴρηται φέγγος (589b).

göttliche Reden als lautloses Leuchten zu verstehen sei, wird im weiteren Gang der Untersuchung noch begegnen. Festzuhalten ist nach allem Gesagten, daß gegenüber den früheren Schuldiskussionen, wo es darum ging, ob sich das Redenkönnen mit dem Wesen der Götter vereinbaren lasse oder nicht, die Lehre von der natürlichen Mantik dem Reden der Götter gerade im Verhältnis des Menschen zu den Göttern eine entscheidende Rolle zuweist, d. h. für den Menschen eröffnet sich die Möglichkeit einer unmittelbaren „Begegnung" mit dem Göttlichen – unter Ausschaltung der sinnlich wahrnehmbaren Welt. Zweifellos liegt hier eine Gottesvorstellung vor, die mit der „griechischen" des vierten Jahrhunderts wenig zu tun hat. Und wenn etwa Émile Bréhier in seinem Buche über Plotin[1] sagt, daß seit der Verbreitung der religiösen Anschauungen des Orients in griechischer Sprache – gemeint ist die Gnosis – das nahe Verhältnis des einzelnen zu Gott stärker herausgestellt wurde, ein Gedanke, der sich allerdings „schon" in der griechischen Welt, nämlich zum ersten Mal in der Stoa fände, so möchte man die stoische Philosophie eher „orientalisch" als „griechisch" nennen[2]. Damit soll jedoch nur gesagt werden, daß es sicher wenig sinnvoll ist, bei Poseidonios hier „Griechisches", dort „Orientalisches" festzustellen, man muß vielmehr erkennen, daß jede große Philosophie ihr eigenes, neues Zentrum hat. Wirkungsgeschichtlich bemerkenswert – und hier verrät sich die Herkunft der Tradition des heutigen religiösen Empfindens – ist Krolls Urteil, daß Poseidonios gegenüber Platon, was das „mystische Gepräge" und die „tiefe Religiosität" beträfe, „bedeutende Fortschritte" gemacht hätte[3]. Das wichtige Ergebnis dieses Abschnittes ist dies, daß das Interesse des Poseidonios dem Reden der Götter gilt; daß trotz gewisser Übereinstimmungen mit gnostischen Lehren die Vorstellung des schweigenden Gottes fehlt.

---

[1] BRÉHIER, La philosophie de Plotin, S. 150 f.
[2] Vgl. POHLENZ, Stoa I, S. 108 zur Lehre von der Heimarmene: „So ist die Folgerung gewiß nicht zu kühn, daß Zenons und Chrysipps Gottesvorstellung Züge aufweist, die aus dem Orient übernommen sind".
[3] J. KROLL, a. a. O. S. 357.

2. Das Reden des Menschen: das stille Gebet

Der höhere Rang des innerlichen Logos mußte dazu führen, daß das Schweigen für das Gebet des Gläubigen bedeutsam wurde. Es bildete sich die Auffassung von der λογική θυσία heraus, die nachweislich im ersten Jahrhundert nach Christus der Neupythagoreer Apollonios von Tyana lehrte. Das einzige längere Zitat, das aus seiner Schrift ‚Περὶ θυσιῶν‘ erhalten ist, gibt Zeugnis von dieser neuen religiösen Haltung: . . μόνῳ δὲ χρῷτο πρὸς αὐτὸν ἀεὶ τῷ κρείττονι λόγῳ, λέγω δὲ τῷ μὴ διὰ στόματος ἰόντι, καὶ παρὰ τοῦ καλλίστου τῶν ὄντων διὰ τοῦ καλλίστου τῶν ἐν ἡμῖν αἰτοίη τἀγαθά[1]. Der Geist des Menschen bedient sich also des „edleren Logos, der nicht durch den Mund geht". In den Hermetischen Schriften begegnet dann das Wort „Schweigen: δέξαι λογικὰς θυσίας ἁγνὰς ἀπὸ ψυχῆς καὶ καρδίας πρός σε ἀνατεταμένης, ἀνεκλάλητε, ἄρρητε, σιωπῇ φωνούμενε[2]. Wie bei Poseidonios und Cicero erhält die unmittelbare, rein spirituelle Beziehung zum Göttlichen den höheren Rang. Das stille Gebet, zu dem bald auch die Kirchenväter auffordern, „quia deus non vocis sed cordis auditor"[3], kennt selbst Cicero schon: „Ut enim deorum animi sine oculis, sine auribus, sine lingua sentiunt inter se, quidquid quisque sentiat (ex quo fit, ut homines, etiam cum taciti optent quid aut voveant, non dubitent, quin di illud exaudiant.) . . . ."[4]. Doch muß man hier differenzieren. Zur Erklärung der christlichen Lehre vom stillen Gebet sind die in der jüdischen Religion verwurzelten Vorbehalte gegenüber der menschlichen Erkenntnismöglichkeit heranzuziehen. Darüber wird bei der Behandlung Philons von Alexan-

---

[1] Bei Eusebios, Praep. evang. IV 13. Vgl. E. NORDEN, a. a. O. S. 39f., 343ff.; CASEL, Die λογικὴ θυσία der antiken Mystik, S. 38ff. Wahrscheinlich geht auch Porphyrios, de abstinentia II, 34, auf Apollonios zurück. Wenn dort steht: διὰ δὲ σιγῆς καθαρᾶς καὶ τῶν παρ' αὐτοῦ καθαρῶν ἐννοιῶν θρησκεύομεν αὐτόν, so paßt die Betonung der Reinheit der Gedanken gut zu dem oben angeführten Fragment. Über die Beurteilung des Gebets in der antiken Philosophie informiert die Arbeit von H. SCHMIDT, Veteres Philosophi quomodo iudicaverint de precibus.
[2] ‚Poimandres‘, Corp. Herm. I 31. Vgl. Martyrium Petri S. 96, 16 BONNET: ἐκείνη τῇ φωνῇ εὐχαριστῶ σοι, βασιλεῦ, τῇ διὰ σιγῆς νοουμένῃ, τῇ μὴ ἐν φανερῷ ἀκουομένῃ. S. RICHARD REITZENSTEIN, Poimandres. Studien zur griechisch-ägyptischen und frühchristlichen Literatur, Leipzig 1904, S. 264 Anm. 3.
[3] Cyprian, de orat. domin. 4; s. SCHMIDT, a. a. O. S. 68ff.
[4] De div. I 129 (vgl. oben S. 60f.). Nach SCHMIDT, a. a. O. S. 66 war das stille Gebet vor Apollonios in der Regel nur in böser Absicht, als Fluch, bekannt.

dria noch zu sprechen sein. Wenn etwa der jüdische Christ Paulus in „unsagbaren Seufzern"[1] den Geist beten läßt, so hängt das damit zusammen, daß Paulus – anders als die Gnostiker[2] – die zukünftige Herrlichkeit, die ihn nach dem Tode erwartet, noch nicht kennt und deshalb über sie nichts aussagen kann. Erwähnenswert ist noch, daß sich durch den Glauben, Gott „höre" die Gedanken der Menschen, auch eine einleuchtende Beantwortung der bei Hermarch und Karneades bzw. Sextus Empiricus berührten Frage nach der Sprache der Götter anbot[3]: Gott vernimmt nicht die verschiedenen Sprachen des äußeren Logos, sondern sozusagen die einheitliche des inneren: ὅθεν τὰς πολυφώνους γλώσσας οὐκ ἀναμένει ὁ θεὸς καθάπερ οἱ παρὰ ἀνθρώπων ἑρμηνεῖς, ἀλλ' ἁπαξαπλῶς ἁπάντων γνωρίζει τὰς νοήσεις, καὶ ὅπερ ἡμῖν ἡ φωνὴ σημαίνει, τοῦτο τῷ θεῷ ἡ ἔννοια ἡμῶν λαλεῖ . . .[4].

---

[1] Röm. 8, 26.
[2] Vgl. oben S. 65 mit Anm. 4.
[3] Vgl. oben S. 61.
[4] Clemens von Alexandria, Stromata VI 43; s. SCHMIDT, a. a. O. 68f. Vgl. zur Einheit-Vielheit hinsichtlich des Redens Gottes unten S. 80.

VIERTES KAPITEL
Das Schweigen gehört zur Vollkommenheit
der Götter und der Menschen

I. DIE GNOSIS

1. *Schweigen und kontemplative Andacht*
in religiösen Bewegungen Ägyptens

Nachdem nun schon wiederholt auf die „orientalischen Einflüsse" – bei Poseidonios und in den hermetischen Schriften – hingewiesen wurde, ist es angebracht, jene religiöse Bewegung der ersten nachchristlichen Jahrhunderte, die unter dem Namen Gnosis bekannt ist, ausdrücklich ins Blickfeld der Untersuchung zu stellen. Unter Gnosis soll mit Hans Jonas[1] jede Richtung verstanden werden, die vom Prinzip des religiösen Dualismus ausgeht, einen transzendenten Gottesbegriff kennt und einen unmittelbaren Zugang zur Transzendenz, im Übersprung über die Welt und wissenschaftliche Welterkenntnis. In diesem Sinne ist alle spätantike Philosophie Gnosis, und damit wesentlich der orientalischen Religiosität verbunden. Das Schweigen als höchste Form des Gebetes zu dem im Schweigen wohnenden Gott, das wird die für den Neuplatonismus gültige ὁμοίωσις-θεῷ-Lehre, eine Lehre, die, wie sich gezeigt hatte, von Platon bis Poseidonios nicht anzutreffen war, die aber in eigentümlicher Modifizierung später für platonisch oder gar für griechisch schlechthin gehalten wurde.

Wenn bislang etwas allgemein vom Orient gesprochen wurde, so läßt sich doch einiges noch konkreter sagen. In der ägyptologischen Fachliteratur ist man sich darüber einig, daß zu Beginn des Neuen Reiches, also im 14. Jahrhundert v. Chr., eine Lehre aufkam, die das Schweigen oder die Stille gegenüber dem leidenschaftlichen Aufbegehren zur sittlichen Norm erhob. In dem Buch des Schreibers Anii wird empfohlen: „Bei allem Streit und Hader mit deinen Feinden vertraue nicht auf dich selbst, sondern setze dich in die Arme Gottes, so wird dein Schweigen die

---

[1] Jonas, Gnosis und spätantiker Geist II 1, S. 98.

Gegner schon zu Fall bringen"[1]. Schweigen führt zum Erfolg, auch gegenüber dem Gott: „Thot, du süßer Brunnen für einen Mann, der in der Wüste verdurstet. Er ist verschlossen für den, der da redet, er ist offen für den, der schweigt. Kommt der Schweigende, so findet er den Brunnen. Aber wenn der Heiße kommt, so hilfst du ihm nicht"[2]. Der Gott ist der „Herr des Schweigens"[3], und das Gebet muß so sein, daß es Gott angenehm ist: „Bete für dich mit einem wünschenden Herzen, dessen Worte alle verborgen sind; dann tut (Gott) dein Anliegen, dann erhört er, was du sagst"[4]. Friedrich Heiler sagt in seinem Buch über das Gebet[5]: „Uralt ist der Gedanke, daß das Schweigen das wahre Beten, der echte Gottesdienst sei: er findet sich schon in der spätägyptischen Religion und in den synkretistischen Mysterien und erlangt im Neupythagoreismus und Neuplatonismus normative Bedeutung; es kehrt immer wieder in der christlichen und islamischen Mystik".

Das wortlose Gebet als „ein stummes Betrachten und Kontemplieren Gottes"[6] ist später als Andachtsübung im ägyptischen Isiskult bekannt. Wie Apuleius[7] berichtet, war der Isistempel den ganzen Tag über geöffnet, um dem Gläubigen Gelegenheit zu geben, in stummer Anbetung vor dem Bild der Göttin zu verweilen; solches Betrachten erfüllte mit „unbeschreiblicher Freude" – *inexplicabili voluptate*. Porphyrios teilt in seiner Schrift ‚De abstinentia'[8] mit, die ägyptischen Priester verbrächten ihr ganzes Leben in der Kontemplation der Götter: τῇ τῶν θεῶν θεωρίᾳ καὶ θεάσει. Die Vita contemplativa im Sinne einer religiösen Haltung als Schau Gottes hat ihren Ursprung in Ägypten und speziell im Isiskult.

---

[1] Nach Adolf Erman, Die Religion der Ägypter, Berlin und Leipzig 1934, S. 162. Vgl. Jules Baillet, Introduction à l'Étude des Idées morales dans l'Égypte antique, De Blois, 1912, S. 57. Henri Frankfort, Ancient Egyptian Religion, Harper Torchbook, New York 1961, S. 66.

[2] Nach Erman, a. a. O. S. 141.

[3] Nach John A. Wilson, in Frühlicht des Geistes, Urban-Bücher, Stuttgart 1954, S. 128: „Du bist Amon, der Herr des Schweigens, der kommt auf die Stimme des Armen". Vgl. ebd.: „Amon, der Beschützer der Stillen, der Erretter der Armen".

[4] Nach Siegfried Morenz, Ägyptische Religion, Stuttgart 1960, S. 110.

[5] Heiler, Das Gebet, S. 289.

[6] Ebd. S. 289.

[7] Metamorphosen XI 24. Vgl. Festugière, L'idéal religieux, S. 119 Anm. 2.

[8] A. a. O. IV 6; s. Heiler, a. a. O. S. 264.

„Es ist bezeichnend", liest man bei Franz Boll[1], „daß die Griechen und damit Europa die kontemplierende Andacht erst im Kult der ägyptischen Isis gelernt haben, deren Tempel vom Morgen bis zum Abend dem stillen Gebete offen standen". Und ferner: „Man fühlt, man ist nicht mehr im Bereich des griechischen Logos, sondern der orientalischen Gnosis". Der Hermes Trismegistos, der gerade wieder im italienischen Renaissance-Platonismus als Vorgänger des Pythagoras und Platons galt, ist eben der ägyptische „Herr des Schweigens", Thot[2].

2. Die Bedeutung des Schweigens bei den Neupythagoreern

Bei Apollonios von Tyana, dem Anhänger der pythagoreischen Richtung, hat das Schweigen seine Bedeutung als Übung zur Selbstdisziplin und als Verschwiegenheit gegenüber nicht in die Lehre Eingeweihten[3], eine Gewohnheit, die im Altertum als die pythagoreische ἐχεμυθία bekannt war[4]. Jamblich berichtet, daß ein Anwärter, der in die Schule als ἐσωτερικός aufgenommen werden wollte, vorher fünf Jahre lang nicht reden durfte[5]. Denn das Schweigen galt bei den Pythagoreern als etwas Göttliches: καὶ ὅλως θεῖον ἡγεῖσθαι τὴν σιωπὴν τοὺς ἄνδρας, die „Sprache" der Götter ist eine andere: ἅτε δὴ καὶ τῶν θεῶν ἔργοις καὶ πράγμασι ἄνευ φωνῆς ἐπιδεικνυμένων ἃ βούλονται τοῖς ξυνετοῖς.[6]. Ähnlich wie in den ägyptischen Lehren das Schweigen zum Erfolg führt, schreibt der Biograph

---

[1] Boll, Vita contemplativa, Sitzungsberichte der Heidelberger Akad. d. Wissensch., Philos.-hist. Klasse 1920, 8. Abh. S. 5. Vgl. Norden oben S. 41.
[2] Vgl. z. B. Marsilius Ficinus, Über die Liebe oder Platons Gastmahl. Übers. von K. P. Hasse, Leipzig 1914, I 2, S. 49 mit Anm. 6 auf S. 227.
[3] Diese Eigentümlichkeit der Pythagoreer und alle ähnlichen Erscheinungen hat Odo Casel, De silentio mystico, untersucht. Zu den Pythagoreern s. dort S. 30 ff., 52 ff.
[4] Jamblich, Vita Pyth. 6, 31; 32. Oder ἐχερρημοσύνη, ebd. 34, 246; 20, 94: ἐποιεῖτο (sc. Πυθαγόρας) τε πλείονα σπουδὴν τοῦ σιωπᾶν ἤπερ τοῦ λαλεῖν. S. Casel. a. a. O. S. 53.
[5] Ebd. 16, 72.
[6] Plutarch, quaest. conv. VIII 8, 1, 728 f. Hubert. Vgl. dazu die künstliche Mantik in der Stoa, s. oben S. 63 ff.

des Apollonios, Philostratos, dem Schweigen eine bestimmte Macht zu; es wird sogar zu einem der Rede durchaus gleichwertigen Mittel, Einfluß auf Menschen auszuüben. Auf seinen Wanderungen sei es Apollonios gelungen, allein durch sein schweigendes Auftreten leidenschaftlich erregte Volksmengen zu beruhigen: ἀλλ' 'Απολλωνίῳ καὶ ἡ σιωπὴ πρὸς τοὺς οὕτω διακειμένους ἦρκει.[1]. Wie die Götter tut Apollonios seinen Willen nur durch Zeichen kund[2]. Der Pythagoreer muß nach dem Willen des Meisters erst lernen, daß auch das Schweigen eine Rede sei – ὅτι καὶ τὸ σιωπᾶν λόγος[3].

3. Schweigen und Kontemplation
in den gnostischen Lehren

Die neupythagoreische Bewegung war nur eine unter vielen, die seit dem ersten vorchristlichen Jahrhundert unter den nach neuer religiöser Orientierung suchenden Zeitgenossen Anhänger warb und fand. Die oben hervorgehobene Ähnlichkeit des gnostischen Erkenntnisvorgangs mit dem für die natürliche Mantik aufgewiesenen Zusammenhang zwischen der völligen Ruhe des menschlichen Körpers und dem Aufleuchten der göttlichen Gedanken, soll nun im einzelnen betrachtet werden[4]. Der Gnostiker fand bei Platon die Aufforderung, die Seele vom Körper zu lösen, um zur Schau des Schönen und Guten, und damit zur Glückseligkeit zu gelangen. Lösung der Seele vom Körper meint nichts anderes als Befreiung von der sinnlichen, durch die verschiedenen Organe des Körpers vermittelten Wahrnehmung. Da die platonischen bzw. orphisch-pythagoreischen Mythen nicht gleichnishaft verstanden, sondern als Realität geglaubt wurden,

---

[1] Philostratos, Vita Apoll. I 15. Vgl. zur Tradition dieses Gedankens Winckelmanns Worte zu Raffaels ‚Attila‘ (Nachahmung griechischer Werke, Kl. Schriften S. 47): „Der römische Bischof, der das Vorhaben des Königs der Hunnen, auf Rom loszugehen, abwendet, erscheint nicht mit Gebärden und Bewegungen eines Redners (!), sondern als ein ehrwürdiger Mann, der bloß durch seine Gegenwart einen Aufruhr stillt".
[2] Ebd.: ἔνευσεν-ἀνένευσεν.   [3] Ebd. I 1; s. Casel, a. a. O. S. 66.
[4] Daß bei Poseidonios eine stoisch-materielle Auffassung der Berührung zwischen göttlichem und menschlichem Geist vorliegt, zeigt der Satz bei Plutarch, de gen Socr. 20, 589c: ὁ ἀὴρ τρεπόμενος δι' εὐπάθειαν ἐνσημαίνεται τοῖς θείοις καὶ περιττοῖς ἀνδράσι τὸν τοῦ νοήσαντος λόγον. S. Reinhardt, RE Sp. 804.

bekam das Vollkommenheitsideal bzw. die Gottesvorstellung des vierten Jahrhunderts v. Chr. einen neuen Sinn. Das Fehlen jeglichen Bezuges zur Umwelt, die ἀπαθία oder ἀναισθησία, läßt den Gnostiker in der Ekstase zum Gott werden. Der Zustand, in welchem dem Hermetiker im ‚Poimandres‘ die Offenbarung zuteil wird, wird mit der schläfrigen Schlaffheit nach zu reichlichem Essen verglichen: κατασχεθεισῶν μου τῶν σωματικῶν αἰσθήσεων, καθάπερ οἱ ὕπνῳ βεβαρημένοι ἐκ κόρου τροφῆς ἢ ἐκ κόπου σώματος . . .[1]. Der Gnostiker muß sich in sich selbst zurückziehen, um zur höchsten Erkenntnis zu gelangen: ἐπίσπασαι εἰς ἑαυτόν, καὶ ἐλεύσεται· θέλησον, καὶ γενήσεται· κατάργησον τοῦ σώματος τὰς αἰσθήσεις, καὶ ἔσται ἡ γένεσις τῆς θεότητος[2]. Treffend bemerkt Jonas[3] dazu: „Bemüht zu werden braucht nur die Negation, die Position, die θεότης stellt sich daraufhin ein“. Der religiöse Charakter dieses Erkenntnisvorgangs zeigt sich in einem für diesen ganz wesentlichen Konstituens, dem sonst im Kult geübten Schweigen, das von jeher auch im griechischen Kult seinen Platz hatte. Die Nähe der Götter läßt den Menschen ehrfürchtig verstummen: μέγα γάρ τι θεῶν σέβας ἰσχάνει αὐδήν, heißt es schon im homerischen Demeterhymnus[4]. Auch beim Mysterienkult werden die Gläubigen still, wenn die heilige Handlung beginnt: ὥσπερ γὰρ οἱ τελούμενοι κατ’ ἀρχὰς μὲν ἐν θορύβῳ καὶ βοῇ συνίασι πρὸς ἀλλήλους ὠθούμενοι, δρωμένων δὲ καὶ δεικνυμένων τῶν ἱερῶν προσέχουσι ἤδη μετὰ φόβου καὶ σιωπῆς, οὕτω κτλ.[5]

Das kultische εὐφημεῖν, das ursprünglich die Kultgemeinde vor dem Gebet zum Schweigen aufforderte[6], kommt aber nicht nur in der Kultliturgie vor,

---

[1] Corp. Herm. I 1.

[2] Ebd. XIII 7.

[3] Jonas, a. a. O. II 1, S. 52.

[4] Vers 478. Zur Verbindung von σέβας bzw. σεμνότης und σιωπή vgl. Porphyrios de antr. nymph. 27 Nauck: διὰ τουθ’ οἱ Πυθαγόρειοι καὶ οἱ παρ’ Αἰγυπτίοις σοφοὶ μὴ λαλεῖν ἀπηγόρευον διερχομένους ἢ πύλας ἢ θύρας, σεβόμενοι ὑπὸ σιωπῆς θεὸν ἀρχὴν τῶν ὅλων ἔχοντα. Zu σέβας und αἰδώς in der griechischen Religion vgl. Kerényi, Antike Religion, S. 88ff.

[5] Plutarch, de prof. in virt. 10, 81d–e. Philostratos berichtet über das Auftreten des Apollonios von Tyana, daß die Menschen „wie in den Mysterien schwiegen“ (ὥσπερ ἐν μυστηρίοις ἐσιώπων), wenn er sich zeigte (δείξας ἑαυτόν); s. Vita I 15.

[6] Vgl. Aristophanes, ‚Acharner‘ 237ff.; ‚Wolken‘ 262; ‚Frieden‘ 433f. u. ö. Euripides, ‚Hekabe‘ 529ff. Die Gebärde des ägyptischen Horos-Knaben (Harpokrates) wurde als Aufforderung zum Schweigen verstanden; vgl. Carl Sittl, Die Gebärden der Griechen und Römer, Leipzig 1890, S. 213f. Casel, a. a. O. S. 3, Anm. 2.

sondern erhält auch in der literarischen Gnosis Sinn und Funktion. Neben der Unempfänglichkeit gegenüber äußeren Eindrücken ist völliges Schweigen Bedingung für wahre Erkenntnis: ἡ γὰρ γνῶσις αὐτοῦ (sc. τοῦ κάλλους τοῦ ἀγαθοῦ) καὶ θεία σιωπή ἐστι καὶ καταργία πασῶν τῶν αἰσθήσεων[1]. Daher heißt die Aufforderung: εὐφήμησον, ὦ τέκνον, καὶ νόησον τί θεός . . .[2]. Man könnte meinen, hier werde die letzte Stufe des Aufstiegs der Seele im platonischen ,Symposion' erläutert, wenn verheißen wird, daß man die Schönheit des Guten dann erblicken werde, wenn man nichts mehr darüber zu sagen habe: τότε γὰρ αὐτὸ ὄψει, ὅταν μηδὲν περὶ αὐτοῦ ἔχεις εἰπεῖν. ἡ γὰρ γνῶσις αὐτοῦ καὶ θεία σιωπή ἐστι...[3]. Daß dem Außenstehenden nichts von jener Erfahrung vermittelt wird, macht deutlich, wie schweigendes Erkennen und Stillschweigen darüber aufs Engste zusammengehören. Dadurch wird die „Erhabenheit" des sich der sinnlichen Wahrnehmung entziehenden und außerdem geheim gehaltenen Göttlichen erhöht. Das heraklitische Wort φύσις . . κρύπτεσθαι φιλεῖ[4] wird in diesem Sinne gedeutet, und die Folgerung lautet: ὅθεν τοῦτο οὐ διδάσκεται, ἀλλὰ κρύπτεται ἐν σιγῇ[5].

In der Mithrasliturgie wird der Gläubige aufgerufen, zu schweigen: σὺ δὲ εὐθέως ἐπίθες δεξιὸν δάκτυλον ἐπὶ τὸ στόμα καὶ λέγε· σιγή, σιγή, σιγή, σύμβολον θεοῦ ζῶντος ἀφθάρτου· φύλαξόν με, σιγή[6]. Und die σιγή wird apostrophiert als das „Symbol des lebenden unvergänglichen Gottes", eine Formulierung, die auch in den Chaldäischen Orakeln vorkommt[7]. Im System dieser gnostischen Lehre ist nun in der Tat der schweigende Gott anzutreffen, die höchste Hypostase ist ein in Schweigen gehüllter väterlicher Urgrund: . . καὶ ἰδρύσας ἑαυτὸν ἐν τῇ πατρικῇ σιγῇ καὶ πατὴρ πατέρων ἀνυμνούμενος[8]. Bei Valentinus stehen Πατήρ oder Βυθός und Σιγή

---

[1] Corp. Herm. X 5. Vgl. X 19.
[2] Ebd. VIII 5.
[3] Ebd. X 5.
[4] Frg. B 123 Diels-Kranz. Vgl. Strabon, Geogr. X 3,9 Jones: ἥ τε κρύψις ἡ μυστικὴ τῶν ἱερῶν σεμνοποιεῖ τὸ θεῖον, μιμουμένη τὴν φύσιν αὐτοῦ φεύγουσαν ἡμῶν τὴν αἴσθησιν. S. Casel, a. a. O. S. 48f.
[5] Corp. Herm. XIII 16.
[6] Dieterich, Mithrasliturgie, S. 6, 20 ff.
[7] Vgl. W. Kroll, Rh. Mus. 50, 1895 S. 637.
[8] W. Kroll, Breslauer Phil. Abh. VII 1, 1894 S. 16, aus Proklos, zu ,Kratylos' 63. Vgl. J. Kroll, Hermes Trismegistos, S. 335f.

75

an der Spitze der Äonen-Paare[1]. Damit ist das Schweigen unter den Gesichtspunkt der ὁμοίωσις θεῷ gestellt[2].

Die Schau war zwar auch in der griechischen Philosophie die höchste Stufe der Erkenntnis, doch philosophische Theoria ist kein religiöses Erlebnis. Die Schau des Gnostikers ist Schau reinsten Lichtes. Im ‚Poimandres' ist der Nus Gott und Vater, das Licht, von dem der hellscheinende Logos, sein Sohn, ausgeht[3], und in der Mithrasliturgie wird der Gott mit einer Fülle von Prädikationen angerufen, die mit „Licht" und „Feuer" zusammengesetzt sind[4]. Zusammenfassend läßt sich sagen, daß das religiöse Erlebnis in der Gnosis durch καταργία bzw. ἀναισθησία, σιγή und γνῶσις bzw. θεωρία bestimmt ist.

II. DER NEUPLATONISMUS

1. *Philon von Alexandria*

Der Umschlag vom Sehen zum Hören der Stimme Gottes

An der „Vorbereitung des Neuplatonismus" hat Philon von Alexandria einen kaum zu überschätzenden Anteil[5]. Obwohl die angeführten gnosti-

---

[1]) Irenäus, adv. haer. I 11,5; I 1,1; s. Koch, Pseudo-Dionysios Areopagita, S. 128. Koch spricht in dem die vorliegende Untersuchung bestimmenden Sinne von einem „metaphysischen Schweigen" im Unterschied zum „erkenntnistheoretischen" und deutet Züge einer Entwicklung an. Vgl. dazu Kroll, Hermes Trismegistos, S. 335 Anm. 4. Zu Valentinus vgl. noch Dieterich, a. a. O. S. 42; Jonas, a. a. O. I, S. 362ff.; S. 206 Anm. 2; De Vogel, Neoplatonic Charakter of Platonism, S. 48.
[2]) Vgl. J. Kroll, Hermes Tr., S. 335f.: „Auch hier wirkt wieder der Gedanke der μίμησις ein. Wer Gott erkennen ... will usw. Nur wenn alles um und in ihm schweigt, kann er mit dem in absolutem Schweigen Thronenden in Verbindung treten. So wird das Schweigen zum Gebet, zum Gottesdienst ...".
[3]) Corp. Herm. I 1–11; s. De Vogel, a. a. O. S. 49.
[4]) Dieterich, a. a. O., S. 8, 17ff.: ὁ συνδήσας πνεύματι τὰ πύρινα κλεῖθρα τοῦ οὐρανοῦ, ... πυρίπολε, φωτὸς κτίστα, πυρίπνοε, πυρίθυμε, πνευματόφως, πυριχαρῆ κάλλιφως... Vgl. Plutarch, Isis u. Osiris 78, 382 d: ἡ δὲ τοῦ νοητοῦ καὶ εἰλικρινοῦς καὶ ἁπλοῦ νόησις ὥσπερ ἀστραπὴ διαλάμψασα τῆς ψυχῆς ἅπαξ ποτὲ θιγεῖν καὶ προσιδεῖν παρέσχε.
[5]) Vgl. dazu Wolfson, Philo, I 3ff.; Pohlenz, Stoa I S. 370ff. Feibleman, a. a. O. S. 96ff.; Jonas, a. a. O. II 1,94ff. Vgl. Theiler, Plotin S. 65; Hoffmann, Plato-

schen Zeugnisse zeitlich zum Teil sehr viel später anzusetzen sind, erschien uns ihre Behandlung vor Betrachtung der philonischen insofern als gerechtfertigt, als Philon die zwar für uns noch nicht als schriftlich fixiert greifbaren, aber doch schon vorhandenen Tendenzen jener Zeit in seinen Schriften mit verarbeitet hat. Obwohl also die Dinge ganz ähnlich zu liegen scheinen wie bei Poseidonios, wird erstaunlicherweise in einem neueren größeren Versuch[1], die Vorbereitung des Neuplatonismus zu erhellen, von Philon wenig Notiz genommen. So berechtigt das Bestreben sein mag, den Schultraditionen nachzugehen, die Geschichte der Philosophie hat doch immer wieder gezeigt, daß neue wirkungsmächtige Ideen selten von den Kathedern der Hüter ehrwürdiger Traditionen ausgehen; und daß gerade die vermeintlichen Bewahrer der Tradition am wenigsten bemerken, daß sie sich dem Wandel der Anschauungen nicht entziehen können und somit auch selbst die alte Lehre „umbilden"[2]. Es ist also gar nicht einzusehen, weshalb Poseidonios und Philon weniger zum sogenannten Mittelplatonismus, als Übergangsphase zum Neuplatonismus, zu rechnen sind als etwa Albinos oder Numenios. Wenn man sich nur hinreichend klar gemacht hat, daß es eben seit dem ersten Jahrhundert n. Chr. vorwiegend Orientalen waren, die ihre philosophischen Lehren in der damaligen Weltsprache niederlegten, und dabei natürlich an die in dieser, der griechischen Sprache, schon vorhandenen philosophischen Schriften anknüpften, so wird man von dem Denkschema absehen können, es sei sozusagen der Strom platonischer Philosophie durch die Jahrhunderte dahingeflossen, habe nur hier und dort gewisse orientalische Zuflüsse aufgenommen. Das Denken Philons, der in derselben Weltstadt Alexandria lebte, in der 250 Jahre zuvor die sogenannten Septuaginta die heiligen Schriften der Juden ins Griechische übertragen hatten und in der 250 Jahre später Plotin viele Jahre lang studierte, muß in gleicher Weise ernst genommen werden, wie alle sonstige „griechische Philosophie" jener Zeit. Das Novum besteht darin, daß hier ein Jude mit

---

nismus und Mystik, S. 56f.; INGE, Plotin, I S. 97 ff. Seit Theilers Arbeit mit dem oben genannten Titel aus dem Jahre 1930 hat die Forschung gezeigt, welche Nachwirkung gerade jene Eigentümlichkeit Philons haben sollte, daß er sich zwar mit griechischer Philosophie beschäftigte, daß aber „der Geist griechischer Forschung" (S. 30) in seinen Werken nicht lebt.
[1] Les Sources de Plotin, Fondation Hardt, Entretiens V, 1957.
[2] Vgl. zum Mittelplatonismus H. DÖRRIE, Vom Transzendenten im Mittelplatonismus, Sources de Plotin, S. 202.

der ihm eigenen Mentalität und von seiner durch eine lange Tradition gesicherten Position her dem begegnete, was in seiner Zeit als griechische Philosophie galt; er prüft und wertet, übernimmt und lehnt ab.

Es ist von vornherein ausgeschlossen, daß Philon Gott gnostisch als schweigenden Urgrund bezeichnen kann, da in der jüdischen, wie auch dann in der christlichen Religion, das „Wort Gottes" ein zentraler Begriff ist. Gott redet im Alten Testament; die Schöpfung der Welt und das jüdische Gesetz sind darauf zurückzuführen, daß Gott gesprochen hat, Gottes Reden ist die ihm eigene Aktivität. Philon mußte daher bei der Auseinandersetzung mit den griechischen Philosophen und den religiösen Strömungen seiner Zeit zum Phänomen des Redens Gottes Stellung nehmen. Die zentrale Bedeutung, die das Gesetz für den Juden hat, läßt das Bestreben Philons verstehen, die Offenbarung Gottes auf dem Berge Sinai zu erklären[1]. Für Philon besteht nun freilich gar kein Zweifel darüber, daß höchste Erkenntnis stets durch Anschauung zuteil wird, daß nur die Schau eigentlicher Zugang zu Gott sein kann. Er bestätigt selbst, daß er hier den Griechen folgt, indem er sich ausdrücklich auf Heraklit beruft[2]. Das Zeugnis eines Griechen ist aber für Philon ohne Gewicht, wenn es nicht durch das Alte Testament bestätigt wird. Solche Bestätigung findet er in der Regel mit Hilfe der allegorischen Schriftauslegung, deren Gebrauch er sowohl bei den Griechen als auch bei den Juden vorfand[3]. Was den Vorrang der Schau betrifft, so wird seine Ansicht gestützt durch den Gegensatz von Israel und Ismael, der „Gott Schauende" steht über dem „Gott Hörenden"[4].

Kommunikation des Menschen, das heißt des Propheten mit Gott ist möglich durch die Verwandtschaft des menschlichen Geistes mit dem göttlichen, eine Auffassung, die ihrerseits auf dem starken Glauben an einen persönlichen Gott beruht. Zum Gedankengang bei Philon sagt Wolfson: „In short having supposed God to have a mind analogous to the human mind, he went on to assert the importance of the human mind, because of its

---

[1]) Vgl. WOLFSON, a. a. O. I, S. 184ff.

[2]) Spec. leg. IV 60: ὦτα δ᾽ . . . ὀφθαλμῶν ἀπιστότερα. Vgl. JONAS, a. a. O. II 1 S. 94f.

[3]) Vgl. WOLFSON, a. a. O. I, S. 115ff., bes. S. 133ff.; FEIBLEMAN, a. a. O. S. 106ff.; 125ff.

[4]) Fug. et inv. 208; vgl. ebr. 82; Abr. 57; praem. et poen. 43–48; s. JONAS, a. a. O. II 1, S. 94f.

similarity to God's mind!"[1] Das jüdische Gesetz ist die Weisheit oder der Logos, welcher als die Ganzheit der Ideen im Geiste Gottes gefaßt ist[2]. Die Offenbarung des Gesetzes hat nun eine gewisse Ähnlichkeit mit der Art göttlicher Mitteilung in der natürlichen Mantik bei Poseidonios, über die Philon nicht nur ebenso gut Bescheid wußte wie Cicero[3], sondern der er in ihrer Erscheinungsweise als Traummantik eine eigene Schrift ‚De somniis' widmete, offenbar deswegen, weil Traumgesichte im Alten Testament eine wichtige Rolle spielen. Den Dekalog nun hat Gott nicht mit menschlicher Stimme verkündet: τοὺς δέκα λόγους ἢ χρησμοὺς ... ὁ πατὴρ τῶν ὅλων ἐθέσπισεν. ἀρά γε φωνῆς τρόπον προέμενος αὐτός; ἄπαγε, μηδ' εἰς νοῦν ποτ' ἔλθοι τὸν ἡμέτερον· οὐ γὰρ ὡς ἄνθρωπος ὁ θεός, στόματος καὶ γλώττης καὶ ἀρτηριῶν δεόμενος[4]. Seine Worte sind vielmehr eine Lichterscheinung, die das „Auge der Seele" wahrnimmt: τὴν δὲ μὴ ῥημάτων μηδ' ὀνομάτων ἀλλὰ θεοῦ φωνήν, ὁρωμένην τῷ τῆς ψυχῆς ὄμματι, ὁρατὴν δεόντως εἰσάγει (sc. der Verfasser)[5]. Wie Philon ausdrücklich hervorhebt, hat der Autor, also Mose, diese Lehre von der sichtbaren Stimme als etwas Neues eingeführt: καὶ τοῦτ' ἰδίως καὶ ξένως κεκαινούργηκεν εἰπὼν ὁρατὴν εἶναι τὴν φωνήν[6]. Genau besehen ist jedoch nichts anderes zur Erklärung der göttlichen Stimme herangezogen als das stoische πνεῦμα μαντικόν[7]. Die Vokabel ἀσώματος gibt dem Pneuma seine Stellung außerhalb der Körperwelt[8], so daß in gewisser Weise die von Xenophanes kritisierte ἀναπνοή der Götter auf eine höhere Stufe gerückt ist. Plutarch[9] zufolge machte die „Feinheit" (λεπτότης) des Nus diesen fähig, die göttliche Stimme zu vernehmen, nach Philon besitzt diese selbst die gleiche Eigenschaft[10]. Aus all dem folgt, daß sich der Fromme nichts sehnlicher wünscht, als daß seine Ohren in Augen verwandelt werden, wie es bei den größten Gestalten der Geschichte Israels geschehen

---

[1] Wolfson, a. a. O. I, S. 118.
[2] Vgl. leg. alleg. III 29; s. Wolfson, a.a.O. I, S. 184; 290; Feibleman, a.a.O. S. 110.
[3] Vgl. somn. I 2; II 1; s. Reinhardt, Kosmos und Sympathie, München 1926, S. 260; ders., RE Sp. 802.
[4] Decal. 32; vgl. agric. 53; migr. Abrah. 52; 47.
[5] Migr. Abrah. 48f.; vgl. decal. 33: πῦρ φλογοειδές. Vgl. dazu die Mithrasliturgie oben S. 76. m Anm. 4. Zum „Auge der Seele" vgl. Platon ‚Pol.' VII 533 d; ‚Soph.' 254a; ‚Symp.' 219a; s. Leisegang, Der Heilige Geist, S. 216. Anm. 2 und 219ff.
[6] Migr. Abrah. 50.
[7] Vgl. Leisegang, a. a. O. S. 222.
[8] Vgl. opif. mund. 29; s. Leisegang, a. a. O. S. 23ff. Vgl. oben S. 63.
[9] De gen. Socr. 20, 588 d; vgl. oben S. 65.   [10] Migr. Abrah. 52.

ist: ὁ ἀσκητὴς ἐσπούδασεν ὦτα ὀφθαλμῶν ἀντιδοὺς ἰδεῖν ὃ πρότερον ἤκουε[1].
Der Ausdruck „Asket" weist auf die Voraussetzung aller Gotteserkenntnis,
nämlich die völlige Abgeschiedenheit, die deutlich mit dem ὁμοίωσις-θεῷ-
Gedanken zusammenhängt: οἱ γὰρ ζητοῦντες καὶ ἐπιποθοῦντες θεὸν ἀνευρεῖν
τὴν φίλην αὐτῷ μόνωσιν ἀγαπῶσι. κατ' αὐτὸ τοῦτο σπεύδοντες πρῶτον ἐξ-
ομοιοῦσθαι τῇ μακαρίᾳ καὶ εὐδαίμονι φύσει[2]. Wie bei Poseidonios und bei
den Hermetikern zieht sich die Seele in sich selbst zurück, um allen sinnlichen Eindrücken zu entrinnen: τῆς δὲ ψυχῆς ἐπικουφιζομένης τὰς φροντίδας
καὶ ἀναχωρούσης εἰς ἑαυτὴν ἀπὸ τοῦ τῶν αἰσθήσεων ὄχλου καὶ θορύβου καὶ
δυναμένης τότε γοῦν ἰδιάζειν καὶ ἐνομιλεῖν ἑαυτῇ[3].

Entsprechend dem sonstigen Vorgehen stellt sich auch in diesem Punkt
für Philon der Sachverhalt so dar, daß die „griechische" oder gnostische
Schau als die Weise, in der der Mensch mit dem göttlichen Bereich in Verbindung treten kann, ein schon alter jüdischer Gedanke ist, was Exodus
20,18 und 20,22 seiner Meinung nach schlagend beweisen. In der Tat ist
dort vom Sehen der Stimme Gottes die Rede: πᾶς ὁ λαὸς ἑώρα τὴν φωνήν[4].
Wird so das Wort Gottes zum Gegenstand der Schau, so muß es jene Vorzüge
besitzen, die bei Platon dem höchsten Erkenntnisgegenstand eigen sind.
Nicht nur die Reinheit des göttlichen Logos betont Philon, er fand sogar eine
Stelle im Psalter, an der, wie er glaubte, am Reden Gottes der die platonische
Philosophie bestimmende Gegensatz zwischen dem Hen und der Vielheit
demonstriert wird. Der Satz ἅπαξ κύριος ἐλάλησε, δύο ταῦτα ἤκουσα aus dem
61. Psalm wird nämlich so ausgelegt, daß man eben im irdischen Bereich Gottes Stimme mehrfach höre: μονάδας μὲν οὖν ἀκράτους ὁ θεὸς λαλεῖ· οὐ γάρ ἐστιν
ὁ λόγος αὐτῷ γεγωνὸς ἀέρος πλῆξις ἀναμιγνύμενος ἄλλῳ τὸ παράπαν οὐδενί,
ἀλλὰ ἀσώματος τε καὶ γυμνός, ἀδιαφορῶν μονάδος· ἀκούομεν δὲ ἡμεῖς δυάδι[5].
Mit diesem Umschlag vom Hören zum Sehen ist das Reden Gottes mit
Mose von „Mund zu Mund" und von „Angesicht zu Angesicht"[6] erklärt,
noch nicht jedoch die Umsetzung der göttlichen Worte in menschliche.

---

[1] Ebd. 38.
[2] Abrah. 87; vgl. migr. Abr. 191; 90; vit. Mos. II 6; s. KOCH, a. a. O. S. 124f.
[3] Spec. leg. I 298.
[4] Ex. 20,18; ebd. 20,22: ὑμεῖς ἑωράκατε, ὅτι ἐκ τοῦ οὐρανοῦ λελάληκα πρὸς ὑμᾶς.
[5] Quod deus s. immut. 83; vgl. gigant. 52: τὸ μὲν γὰρ μετὰ λόγου τοῦ κατὰ προφο-
ρὰλ οὐ βέβαιον, ὅτι δυάς. Vgl. migr. Abrah. 52. Zum Begriff βέβαιος vgl. Platon
oben S. 44.
[6] Num. 12,8 στόμα κατὰ στόμα. Exod. 33,11: ἐνώπιος ἐνωπίῳ. Vgl. Deut. 34,20.

Philon hebt – offenbar gegenüber der griechischen Orakelpraxis – für die jüdische Prophetie die Identität des Propheten und des Interpreten hervor; d. h. Gott spricht nicht unmittelbar durch den Propheten, sondern die „Verlautbarung" ist bereits eine Deutung des göttlichen Wortes, nicht aber dieses selbst[1].

Die zwiespältige Haltung, die einerseits dem menschlichen Wort überhaupt keine Bedeutung zumißt[2], es aber andererseits der göttlichen Offenbarung dienstbar macht, dürfte es nicht zulassen, Philon zu einseitig zu beurteilen. Es ist sicher richtig, daß bei ihm zwischen Sehen und Hören kein prinzipieller Gegensatz, sondern nur ein gradueller Unterschied besteht, und daß man in gewisser Weise von der „unbeschränkten Alleinherrschaft des Sehbezugs in dieser Frömmigkeit" reden kann[3]. Ist Philon aber deswegen schon „Grieche" und dem Judentum entfremdet, weil er nur noch „sieht", nicht mehr „hört"? Das Urteil von Wilhelm Michaelis[4]: „Offensichtlich hat Philo dem am ‚Hören' ausgerichteten Entscheidungscharakter der alttestamentlichen Botschaft innerlich fremd gegenüber gestanden", scheint doch etwas zu einseitig von der heutigen Sicht der „Theologie des Wortes" her bestimmt zu sein[5]. Eine solche Annahme würde im Grunde seine ganze

---

[1] Vgl. Vit. Mos. II 191; Spec. leg. I 65; s. Wolfson, a. a. O. II S. 36 ff. Auch in der zeitgenössischen christlichen Theologie ist die Frage, was man unter dem „Wort Gottes" zu verstehen habe, nicht einfach zu beantworten. Zum Teil ist man nicht über Philon hinausgekommen; vgl. O. Cullmann, Die Tradition als exegetisches, historisches und theologisches Problem, Zürich 1954 S. 33: „Wohl fällt das mündliche oder schriftliche Wort der Apostel nicht mit der Offenbarung, mit dem göttlichen Wort an sich zusammen . . .".Die Apostel seien von Gott ausgesondert „Gottes Offenbarung in *unmittelbarer* Weise, unter Ausschluß aller Zwischenglieder, . . . zu überliefern" (S. 36). Durch die Schriften ist die „Entstellung (des göttlichen Wortes) durch menschliches Unvermögen *auf das Mindestmaß* beschränkt" (S. 34). Vgl. Philon, fug. et inv. 54: Im Pentateuch stehe kein „überflüssiges Wort": περιττὸν ὄνομα οὐδέν.
[2] Qu. rer. div. her. 72f.; s. Jonas a. a. O. II 1, S. 103f.
[3] Jonas, a. a. O. II 1, S. 97.
[4] In Kittel, Theolog. Wörterbuch zum Neuen Testament V, Stuttgart 1954 S. 336.
[5] Michaelis legt an anderer Stelle, Die Erscheinungen des Auferstandenen, Basel 1944, S. 104 ff. dar, daß bei den „Erscheinungen" Gottes im AT der Akzent auf dem Reden Gottes liege. Kann man nun aber von den LXX sagen, „wo ophthe gesetzt wird, soll die Aufmerksamkeit gerade *nicht* auf irgendein Sichtbarwerden gelenkt werden . . ." (S. 108)? Der gleichfalls mit „griechischem" Denken vertraute Jude Paulus konnte jedenfalls Sehen und Hören miteinander verbinden: Der Auferstandene wurde gesehen (1. Kor. 15,8), und zugleich hat Paulus durch diese Offenbarung das Kerygma empfangen (Gal. 1,12).

schriftstellerische Tätigkeit unverständlich machen, die doch als der Versuch zu werten ist, die Offenbarung zwar mit Hilfe der Philosophie zeitgemäß zu interpretieren, aber ihre Überlegenheit gegenüber dieser zu beweisen. Die neue Erklärung des Offenbarungsgeschehens ändert nichts an der Haltung des gläubigen Juden, der sich an das geoffenbarte Wort Gottes, das er hört und liest, gebunden fühlt[1].

Das Schweigen des Menschen
als Folge des sacrificium intellectus

Wie fest Philon in der jüdischen Tradition verwurzelt war, mag noch aus folgendem ersehen werden. Gerade die neueren Untersuchungen haben ergeben, daß Philon sozusagen körperliche, seelische und geistige Apathie als Voraussetzung für die Erkenntnis des Wesens Gottes fordert, diesen Zustand jedoch nicht – wie etwa die Hermetiker[2] oder Plotin[3] – als Gott-Werden des Menschen bezeichnet. Damit ist nicht gesagt, daß Philon diese Lehre von der Vergottung des Menschen als notwendige Bedingung vollkommener Erkenntnis unbekannt gewesen wäre: ... θεὸν γενέσθαι δεῖ πρότερον, sagt er einmal[4]. Für sein religiöses Empfinden ging dies aber offensichtlich zu weit, der Abstand zwischen Gott und Mensch mußte gewahrt bleiben: ὁ νοῦς, ἀπεριγράφοις ⟨ἂν⟩ ἀπολειφθείη τῆς καταλήψεως τοῦ αἰτίου διαστήμασι[5]. Eine Lösung fand Philon dadurch, daß er zwar die Möglichkeit der Gotteserkenntnis behauptet, beim Erkenntnisakt jedoch den Menschen recht eigentlich nicht mehr „dabei" sein läßt. Nicht wird Gottes Wesen mit der denkenden Vernunft begriffen – Gott ist κατὰ πάσας ἰδέας ἀκατάληπτος[6] – sondern lediglich seine Existenz, die ψιλὴ ἄνευ χαρακτῆρος ὕπαρξις[7], kann in der Ekstase erfahren werden: ὑπέξελθε καὶ μετανάστηθι σεαυτῆς. τί δὲ τοῦτό ἐστι; μὴ ταμιεύσῃ τὸ νοεῖν καὶ διανοεῖσθαι καὶ καταλαμβάνειν σεαυτῇ, φέρουσα δὲ καὶ ταῦτα ἀνάθες τῷ τοῦ νοεῖν ἀκριβῶς

---

[1] Vgl. WOLFSON, a. a. O. I S. 186; FEIBLEMAN, a. a. O. S. 108.
[2] Corp. Herm. I 26: τοῦτό ἐστιν τὸ ἀγαθὸν τέλος τοῖς γνῶσιν ἐσχηκόσι, θεωθῆναι. Vgl. XIII 7.
[3] Enn. VI 9,9: ὁρᾶν δὴ ἔστιν κἀκεῖνον καὶ ἑαυτόν, ... θεὸν γενόμενον, μᾶλλον δὲ ὄντα.
[4] Quaest. in Exod. 72; s. JONAS, a. a. O. II 1 S. 101, Anm. 3.
[5] Post. Cain. 19; vgl. ebd. 18; s. THEILER, Gott u. Seele, S. 69.
[6] Somn. I 67.
[7] Quod deus s. immut. 55.

καὶ καταλαμβάνειν ἀνεξαπατήτως αἰτίῳ[1]. Es handelt sich hier um nichts anderes als um das Gott dargebrachte sacrificium intellectus. Über die Schau der bloßen Existenz Gottes: ἴδετε ἐμέ — ἀμήχανον γὰρ τὸν κατὰ τὸ εἶναι θεὸν ὑπὸ γενέσεως τὸ παράπαν κατανοηθῆναι —, ἀλλ' ὅτι ἐγώ εἰμι ἴδετε, τουτέστι τὴν ἐμὴν ὕπαρξιν θεάσασθε[2], über eine derartige Schau läßt sich wenig aussagen; da Gott ἀκατάληπτος ist, ist er auch ἀκατονόμαστος und ἄρρητος[3], und insofern schlechthin „eigenschaftslos" (ἄποιος)[4].

Eine solche Beschränkung auf das faktische „quod" in den Aussagen über Gott gibt es trotz mancher Formulierung im Sinne einer negativen Theologie in der griechischen Philosophie nicht. Wolfson hat wahrscheinlich gemacht, daß Philon hier streng der Schrift folgt. Die verschiedentlich auftauchenden Verbote, Gottes Namen zu nennen, dürften ihn dazu bewogen haben, daraus die Unerkennbarkeit Gottes zu folgern[5]. Was nicht gesagt werden kann, kann auch nicht intellektuell eingesehen werden: καὶ μὴν εἰ ἄρρητον, καὶ ἀπερινόητον καὶ ἀκατάληπτον[6]. Philosophieren bedeutet also bei Philon auf eine Übersteigung des Nus, auf ein ἄρρητον hinauswollen. Das Wort meint aber nicht, wie etwa bei den Pythagoreern ein Mysterium, das wohl gewußt, nur nicht an Uneingeweihte weitergesagt werden darf, sondern bezeichnet die intellektuelle Verlegenheit, die aber Philon keineswegs vom „Sprung" ins Überrationale abhält[7]. Während er also einer-

---

[1] Quis rer. divin. her. 74.   [2] Post. Cain. 168 (zu Deut. 33,39).   [3] Somn. I 67.
[4] Leg. alleg. I 51: δεῖ γὰρ ἡγεῖσθαι καὶ ἄποιον αὐτὸν καὶ ἕνα καὶ ἄφθαρτον καὶ ἄτρεπτον (θεόν).
[5] Vgl. mut. nom. 11 zu Exod. 3,14; ebd. 13 zu Exod. 6,3; s. WOLFSON, a. a. O. II S. 120; Stellen aus der sonstigen jüdischen Literatur ebd. S. 121.
[6] Mut. nom. 15.
[7] Damit ist ein wichtiges Problem der Platoninterpretation berührt. Wolfson schließt eine in diesem Sinne religiöse Deutung von Stellen wie ‚Tim.' 28c oder ‚Pol.' VI 506d–e; 500b aus (a. a. O. II 111f.). Für Platon ist „Gott" nicht unnennbar und unerkennbar. Weder Platon noch Aristoteles kennen einen in diesem Sinne transzendenten Gott, der das Sein transzendiert. Erst durch Philons Einfluß taucht die Frage auf, ob Platon in ‚Tim.' 28c meine, Gott sei ἄρρητος. Clemens von Alexandria, strom. V 12, Kelsos, bei Origenes gegen Kelsos VII 42 und Numenios, bei Eusebios, Praep. ev. XI 18, 539b–c, bejahen dies, während Origenes (a. a. O. VII 43) der Ansicht ist, der Stelle sei zu entnehmen, daß nur wenigen eine Erklärung gegeben werden könne (WOLFSON a. a. O. II 112f.). Das Problem der platonischen Theologie läßt sichtbar werden, wie jüdisch-christliche Theologie und neuplatonische Theosophie das Nachdenken über theologische Fragen bis heute so nachhaltig bestimmen, daß die Eigentümlichkeit einer vorchristlichen Theologie verdeckt bleiben muß.

seits von der ihm vorgegebenen Tradition her eine Erklärung für das Reden Gottes finden mußte und – wohl besonders in Anlehnung an Poseidonios – auch fand, traf sich seine Auffassung über die Erkenntnis Gottes in der Weise mit gnostischen Lehren, daß später im Neuplatonismus in der Ekstase der schweigende Gott erfahren wird.

2. Plotin

Schweigen und Ekstase des Menschen
vor dem Hintergrund philonischer und gnostischer Lehren

So bedenklich jeder Versuch ist, geistesgeschichtliche Phänomene in ihrer Entwicklung zu deuten, bei Plotins Philosophie wird man wohl von einem Zusammenlaufen verschiedener Tendenzen, die sich in theologischen Systemen der ersten nachchristlichen Jahrhunderte bemerkbar gemacht hatten, sprechen dürfen. Sein die rein geistige Kontemplation intendierendes Denken entspringt der Sehnsucht des Gnostikers nach dem religiösen Erlebnis der Gottesschau. Er kennt wie Philon den spirituellen Kult, der über das Denken hinaus in die Ekstase führt, ohne daß jedoch damit einem übervernünftigen Gott das Denken zum Opfer gebracht würde, sondern weil gerade nur auf diesem Wege der Mensch bzw. der menschliche Intellekt zum übervernünftigen Gott werden kann.

Man geht mit der entwicklungsgeschichtlichen Interpretation sicher zu weit, wenn man in Plotins System die Vollendung „griechischer" Theologie erblickt; man wird bestenfalls auf sein eigenes Vorverständnis von Theologie bzw. davon, was Theologie „eigentlich" sei, zurückverwiesen, wenn man von einer solchen Sicht her gar postuliert, daß in der ‚Metaphysik' des Aristoteles die „ursprünglich intendierte Theologie" fehle und daß diese Lücke „erst" und vornehmlich Plotin ausgefüllt habe[1]. Obwohl wir zu wenig darüber Bescheid wissen, womit sich Plotin während der langen Zeit beschäftigte, als er in Alexandria lebte, wird man nicht umhin können,

---

[1] So THEILER, in Sources de Plotin, S. 414f. Vgl. DODDS, ‚Parmenides' and the Neoplatonic ‚One', S. 129ff.; DÖRRIE, Vom Transzendenten, S. 229; FEIBLEMAN, a. a. O. S. 131f.; INGE, a. a. O. I S. 93f., 110f.; THEILER, Gott und Seele, S. 68f.

bei dem Ägypter einen etwas tiefer gehenden „Einfluß" von Seiten der Gnosis vorauszusetzen. Plotin wird sozusagen von den Philologen überfordert, wenn man nicht glauben möchte, daß er „in seinem Wesen gnostisch gesinnt" gewesen sei[1]. Er hat die Schriften Platons nicht anders gelesen als die Neupythagoreer und Gnostiker[2]. Wenn Plotin als „Eiland" bezeichnet wird, „das aus dem Strom des so merkwürdigen gnostischen Geistes herausragt"[3], so darf das sicher nur so viel besagen, daß man es im Unterschied zu anderen gnostischen Lehren hier mit der plotinischen Gnosis zu tun hat. Sehr nachdrücklich hat Emile Bréhier auf die Bedeutung der Kontemplation bei Plotin hingewiesen: „Ce qui l'y apparente, c'est son goût exclusif pour la contemplation dont il ait la seule réalité véritable . . ."[4] In der Tat ist in Plotins System das Wort „Schauen" dasjenige, welches alles Tun schlechthin bezeichnet. Tätigkeit, Praxis, im gemeinen Sinne ist für ihn nur der Ausdruck schwächsten Sehvermögens: ὥστε τὴν κατὰ τὴν θεωρίαν πρᾶξιν δοκοῦσαν εἶναι τὴν ἀσθενεστάτην θεωρίαν εἶναι.[5]. Sie ist ein Irrweg, der nicht zum gesuchten Ziele führt[6]. Plotin verleugnet nicht, daß er aus dem Lande stammt, das die Heimat der kontemplativen Frömmigkeit war. Die plotinische Kontemplation bedeutet jedoch gegenüber dem Mysterienkult einen Schritt hin zur Erfüllung der religiösen Sehnsucht, da sie vom Kult gelöst ist und die metaphysische Schau des sich selbst auch als Objekt genügenden Subjekts lehrt: ὁρᾶν δὴ ἔστιν κἀκεῖνον καὶ ἑαυτόν, ὡς ὁρᾶν θέμις, ἑαυτὸν ἠγλαϊσμένον, φωτὸς πλήρη νοητοῦ, μᾶλλον δὲ φῶς αὐτὸ καθαρόν, ἀβαρῆ, κοῦφον, θεὸν γενόμενον, μᾶλλον δὲ ὄντα.[7]. Plotin spielt selbst auf diese Übersteigung der mit dem Kult verbundenen Schau gelegentlich an[8]. Wie bei Philon bietet die Ekstase die höchste Möglichkeit menschlicher Erkenntnis, sie ist ein Zustand, der Ruhe und Untätigkeit der Seele und der Vernunft, schließlich Selbstaufgabe bedeutet: „In diesem Zustand war er aber auch in sich selbst Eines; er hatte in sich keine

---

[1] So HARDER, ebd. S. 185.
[2] Vgl. JONAS, a. a. O. I S. 251 ff.; FEIBLEMAN, a. a. O. S. 134 f.
[3] HARDER, Sources de Plotin, S. 185.
[4] BRÉHIER, La philosophie de Plotin, S. 135.
[5] Enn. III 8, 5.
[6] Ebd. III 8, 6. Vgl. INGE, a. a. O. II S. 179.
[7] Ebd. VI 9, 9; s. JONAS, a. a. O. I S. 206 f. Vgl. KOCH, a. a. O. S. 145.
[8] Vgl. VI 7, 31 u. 34; vgl. dazu BRÉHIER, a. a. O. S. 31 f.; TROUILLARD, La purification plotinienne, S. 195.

Geschiedenheit zu sich selbst, weder in seinen anderen Funktionen (es bewegte sich in ihm nichts, kein Zorn, keine Begierde war in ihm, als er in der Höhe war) – aber auch kein Begriff noch irgendein Denken; ja überhaupt sein Selbst war nicht da, wenn denn auch das gesagt sein soll, sondern gleichsam hinaufgerissen, oder in ruhiger Gotterfülltheit ist er in die Abgeschiedenheit eingetreten, in einen Zustand der Bewegungslosigkeit, und er wird in seinem eigenen Sein nirgends abgelenkt, auch nicht zu sich selbst hingedreht, völlig stillstehend und gleichsam selbst Stillstehen"[1]. Gleich dem Gnostiker schaut Plotin in Ruhe und Schweigen[2]; zur Kennzeichnung absoluter Isoliertheit des Philosophen hat er die Formel μόνος πρὸς μόνον gebraucht: καὶ οὗτος θεῶν καὶ ἀνθρώπων θείων καὶ εὐδαιμόνων βίος, ἀπαλλαγὴ τῶν ἄλλων τῶν τῇδε, βίος ἀνήδονος τῶν τῇδε, φυγὴ μόνου πρὸς μόνον.[3] „En effet", sagt Bréhier, „à son plus haut degré la vie spirituelle est la relation ‚seul à seul', de l'âme avec le principe universel, elle exclut tout union avec d'autres êtres et d'autres personnes"[4]. Wahrscheinlich ist diese Formel von Numenios von Apamea übernommmen, der erklärt: οὕτως δεῖ τινα ἀπελθόντα πόρρω ἀπὸ τῶν αἰσθητῶν ὁμιλῆσαι τῷ ἀγαθῷ μόνῳ μόνον[5]. Der Wortlaut ist ähnlich, doch der Zusammenhang ein anderer, wenn bei Philon über die Septuaginta zu lesen ist: ἐνησυχῆσαι καὶ ἐνηρεμῆσαι καὶ μόνη τῇ ψυχῇ πρὸς μόνους ὁμιλῆσαι τοὺς νόμους.[6] In wieder ganz anderem Sinne hatte Platon von dem auf sich gestellten Philosophenkönig gesagt: καὶ οὐκ ἔχων βοηθὸν ἄνθρωπον οὐδένα, λόγῳ ἑπόμενος μόνῳ μόνος.[7] Diesem Alleinsein bei Plotin entspricht in gewisser Weise das καθ' ἑαυτὴν γενέσθαι der Seele bei Platon[8], der damit allerdings

---

[1] Enn. VI, 9, 11, Übersetzung von R. HARDER, Plotins Schriften, I S. 203|5.
[2] Vgl. Enn. VI 7, 34; V 3, 10; III 8, 4; 8, 6.
[3] Ebd. VI 9, 11; PETERSON, Herkunft und Bedeutung der ΜΟΝΟΣ-ΠΡΟΣ-MONON-Formel bei Plotin, hat nachgewiesen, daß in ähnlicher Form auch schon früher eine „persönliche, private, vertrauliche oder intime Beziehung" umschrieben wurde, z. B. Sophokles, ‚Aias' 467 (S. 35).
[4] BRÉHIER, a. a. O. S. 135f.
[5] Bei Eusebios, Praep. ev. XI 22, 453c; s. THEILER, Gott und Seele, S. 73; CASEL, de silentio mystico, S. 111; DODDS, Numenius and Ammonius, in Sources de Plotin, S. 16f.
[6] Vita Mos. II 6; s. KOCH, a. a. O. S. 124.
[7] ‚Nom.' VIII 835c.
[8] ‚Phaid.' 64c; 79c–d; 81c–d; s. dazu DÖRRIE, Porphyrios' Symmikta Zetemata, S. 207f.

nicht einen „idealen, mit Worten nicht zu beschreibenden Zustand"[1] gemeint haben dürfte, während das für Plotin sicher zutrifft. Der Weg hin zu diesem nicht zu beschreibenden Zustand, in die Ekstase, ist ein Gebetsweg: ὧδε οὖν λεγέσθω θεὸν αὐτὸν ἐπικαλεσαμένοις οὐ λόγῳ γεγωνῷ, ἀλλὰ τῇ ψυχῇ ἐκτείνασιν ἑαυτοὺς εἰς εὐχὴν πρὸς ἐκεῖνον, εὔχεσθαι τὸν τρόπον τοῦτον δυναμένους μόνους πρὸς μόνον[2]. Philosophieren und Beten sind hier eins, und das Wort des Theodoros Priscianus, alles bete außer dem Ersten, hätte Plotin sicher nachsprechen können[3]. Es erinnert aber auch an Platons Satz, daß die Götter nicht philosophieren, und kennzeichnet gleichzeitig den Unterschied zwischen Platon und seinen spätantiken Nachfahren.

Dennoch hat die Ekstase bei Plotin einen völlig anderen Charakter als bei Philon, insofern sie weniger ein „Aus-sich-Heraustreten" als eine Verinnerlichung ist: ἀλλὰ νῷ ἡσυχία οὐ νοῦ ἐστιν ἔκστασις, ἀλλ' ἔστιν ἡσυχία τοῦ νοῦ σχολὴν ἄγουσα ἀπὸ τῶν ἄλλων ἐνέργεια ... ἑαυτὸν ἄρα νοῶν οὕτω πρὸς αὐτῷ καὶ εἰς ἑαυτὸν τὴν ἐνέργειαν ἴσχει[4]. Das Verlangen nach dem ekstatischen Erlebnis, das die intellektuelle Einsicht transzendiert, ist nicht durch die Absicht motiviert, den Abstand zwischen Gott und Mensch zu wahren, sondern es hat das Gottwerden oder Einswerden des Menschen zum Ziel[5]. Trouillard schreibt dazu: „Mais, tandisque cette exigence aboutit chez Plotin à une sorte de communication du pouvoir créateur, il en résulte chez Philon une exténuation de la créature"[6]. Beim Versuch, über die höchste Erkenntnis etwas auszusagen, zeigt sich die gleiche intellektuelle Verlegenheit wie bei Philon: γίνεται δὲ ἡ ἀπορία μάλιστα, ὅτι μηδὲ κατ' ἐπιστήμην ἡ σύνεσις ἐκείνου μηδὲ κατὰ νόησιν ὥσπερ τὰ ἄλλα νοητά, ἀλλὰ κατὰ παρουσίαν ἐπιστήμης κρείττονα[7]. Der Erkenntnisvorgang selbst ist u. a. das „Berühren jenes Lichtes" – ἐφάψασθαι φωτὸς ἐκείνου[8] –,

---

[1] Dörrie, a. a. O. S. 208.
[2] Enn. V 1, 6; s. Peterson, a. a. O. S. 31ff.
[3] Proklos ,Tim.' I 212: πάντα γὰρ εὔχεται πλὴν τοῦ πρώτου, φησὶ ὁ μέγας Θεόδωρος. Zum Gebet vgl. Theiler, Vorbereitung, S. 144ff.
[4] Enn. V 3, 7; vgl. Bréhier, a. a. O. S. 168, Trouillard, a. a. O. S. 175f. und S. 97f.
[5] Vgl. Enn. VI 9, 9; 9, 11.
[6] A. a. O. S. 176.
[7] Enn. VI 9, 4 Zum Erlebnis der „παρουσία" (vgl. noch Enn. VI 7, 34; 8, 15) vgl. Bréhier, a. a. O. S. 145, 158, 182, 185f. Trouillard, a. a. O. S. 102f.
[8] Enn. V 3, 17; vgl. VI 7, 39; 9, 10; 9, 11; s. Trouillard, a. a. O. S. 102f.

eine Formulierung, die an Poseidonios erinnert[1]. Wer das Denken hinter sich läßt, wird der Schau teilhaftig werden, τὸ νοητὸν ἀφεὶς θεάσεται[2], doch dies ist auch wiederum kein Schauen, sondern eine „andere Art des Schauens"[3].

Das schweigende Schauen
als das die Vollkommenheit nicht beeinträchtigende göttliche Wirken

Plotins Theologie verrät seine Vertrautheit sowohl mit Platon als auch mit Aristoteles[4]. Wenn das Hen des platonischen ‚Parmenides' der Gipfelbegriff seines Systems ist, so muß dieses über dem Gott des Aristoteles angesetzt werden, die Formulierung νόησις νοήσεως kann der höchsten Stufe noch nicht genügen: ἓν δὲ ὂν συνὸν αὑτῷ οὐ δεῖται νοήσεως ἑαυτοῦ . . , ἀλλὰ καὶ τὸ νοεῖν καὶ τὸ συνεῖναι ἀφαιρεῖν καὶ ἑαυτοῦ νόησιν καὶ τῶν ἄλλων[5]. A. H. Armstrong[6] hat zeigen können, daß Plotin ganz bewußt den aristotelischen Gottesbegriff transzendiert: „The point I wish to make here is simply that his (sc. Plotinus') demonstrations that Intellect cannot be the first principle (or, conversely, that the One is not intellect and does not think, as in VI 7, 40–41) always take the form of showing the insufficient simplicity of the Aristotelian selfthinking intellect"[7]. Gemessen an der von Parmenides behaupteten Identität von Denken und Sein[8] macht Plotin ernst mit Platons Bestimmung, daß die Idee des Guten ἐπέκεινα τῆς οὐσίας[9] sei, wenn er folgert: καὶ γὰρ ὅτι ἐπέκεινα οὐσίας, ἐπέκεινα καὶ ἐνεργείας καὶ ἐπέκεινα νοῦ καὶ νοήσεως[10]. Man wird also nicht nur sagen

---

[1] Vgl. oben S. 65f.
[2] Enn. V 5, 6; vgl. VI 7, 34.
[3] Enn. V 9, 11; s. TROUILLARD, a. a. O. S. 103.
[4] Vgl. dazu jetzt H. J. KRÄMER, Die Anfänge der Geistmetaphysik in der alten Philosophie. Untersuchungen zur Geschichte des Platonismus zwischen Platon und Plotin. Tübinger Habilitationsschrift 1963.
[5] Enn. VI 9, 6.
[6] ARMSTRONG, The Background of the Doctrine „That the Intelligibles are not outside the Intellect", Sources de Plotin, S. 391–425.
[7] Ebd. S. 409.
[8] Frg. B 3, DIELS-KRANZ: τὸ γὰρ αὐτὸ νοεῖν ἐστι καὶ εἶναι.
[9] ‚Pol.' VI 509 b.
[10] Enn. I 7, 1; vgl. I 8, 2; V 3, 11; 3, 13; VI 6, 6; 7, 17; s. WOLF, Der Gottesbegriff Plotins, S. 13ff.

dürfen, daß Plotin Platon „mißverstanden" hat[1], sondern mit dem Hinweis auf Philon zugleich den Hintergrund dieser „Fehlinterpretation" angeben können. Natürlich hätte Philon andererseits keine Abhandlung darüber schreiben können, daß Gott nicht denke[2].

Trotz der gesteigerten Perfektion des Göttlichen läßt die plotinische Emanationslehre, die am Phänomen der nie versiegenden sichtbaren Lichtquelle, der Sonne, anknüpft, eine durchgehende Verbindung zwischen dem höchsten Göttlichen und der Welt zu. Gerade der unendliche Abstand gestattet am Ende eine Verknüpfung der Extreme, indem die dazwischenliegenden Seinsstufen sowohl vermitteln als auch die Integrität des Höchsten bewahren. Was die Tätigkeit der göttlichen Hypostasen angeht, so hat Armstrong darauf aufmerksam gemacht, daß vielleicht schon bei Albinos[3] die Äußerung des Aristoteles über das spezifisch göttliche Tun, nämlich das Schauen, aufgegriffen wurde[4]. Bei Plotin ist das Schaffen der Hypostasen einfaches, müheloses Schauen, das Geschaute ist das Geschaffene: ἡ ποίησις ἄρα θεωρία ἡμῖν ἀναπέφανται· ἔστι γὰρ ἀποτέλεσμα θεωρίας μενούσης θεωρίας οὐκ ἄλλο τι πραξάσης, ἀλλὰ τῷ εἶναι θεωρίας ποιησάσης[5]. Worauf es Plotin offensichtlich ankam, war dies, daß solches Schauen ein absichtsloses Schaffen sei – ἄνευ τοῦ ζητεῖν ποιῆσαι[6] Das „Geschöpf" des Hen, der Nus, und die „Geschöpfe" der nachfolgenden Hypostasen sind so wenig Resultat einer zweckhaften Schöpfertätigkeit, wie die Sonne mit einer bestimmten Absicht ihr Licht verströmen läßt. In dem Aussenden von Licht lassen sich „Hervorgehen" und „In-sich-selbst-Bleiben" vereinigen: διὸ κἀκεῖνα μένει· οἷον εἰ μένοντος ἡλίου καὶ τὸ φῶς μένει[7]. Vom Hen geht demnach gleichsam ein Licht verbreitendes Schauen aus, das den nachfolgenden Nus schafft: αὐγὴ μόνον γεννῶσα νοῦν, οὔ τι σβέσασα

---

[1] TROUILLARD, a. a. O. S. 99; THEILER, Plotin, S. 71, 103. Harder hatte allerdings in der Diskussion (S. 93) Bedenken angemeldet: „Plotin hat demnach eine Fehlinterpretation zur Grundlage seines Weltstufenbaus gemacht. Ich bezweifle, ob das so sicher ist; jedenfalls wäre es mir sehr peinlich".

[2] Vgl. Plotin Enn. V 6: περὶ τοῦ τὸ ἐπέκεινα τοῦ ὄντος μὴ νοεῖν καὶ τί τὸ πρώτως νοοῦν καὶ τί τὸ δευτέρως.

[3] Vgl. DÖRRIE, Vom Transzendenten, Sources de Plotin, S. 214f.

[4] ARMSTRONG, ebd. S. 224 (Diskussion). S. ‚NE'. X 8, 1178b 20–22. Vgl. oben S. 48f.

[5] Enn. III 8, 3; vgl. 8, 4.

[6] Ebd. III 2, 2.

[7] Enn. VI 9, 9.

αὐτῆς ἐν τῷ γεννῆσαι, ἀλλὰ μείνασα μὲν αὐτή ...[1]. Bewegung (κίνησις) kennt erst die dritte Hypostase, die Psyche; dem Nus eignet die gestaltende Formkraft (ἐνέργεια), das Hen jedoch ist ähnlich dem θεὸς ἀργός bei Numenios[2] absolut unbewegt und untätig: τὰ μὲν γὰρ ἄλλα περὶ τὸ ἀγαθὸν καὶ διὰ τὸ ἀγαθὸν ἔχει τὴν ἐνέργειαν, τὸ δὲ οὐδενὸς δεῖται[3]. Über die Funktion des Nus, der nach Plotin als Sohn „über das All herrscht"[4], setzt er sich mit gnostischen Lehren auseinander. Während im ‚Poimandres' z. B. auf den väterlichen Nus das Muster der sichtbaren Welt und auf der dritten Stufe der zweite Nus als Demiurg folgt[5], ist für Plotin der Nus sowohl mit Ruhe, d. h. als erste Hypostase, als auch mit Bewegung, d. h. als dritte Hypostase, unvereinbar: τίς γὰρ ἂν ἡσυχία νοῦ καὶ τίς κίνησις καὶ προφορὰ ἂν εἴη ἢ τίς ἀργία καὶ τοῦ ἑτέρου τί ἔργον;[6] Dem Nus ist vielmehr die Energeia eigen: ἔστιν ἡ ἡσυχία τοῦ νοῦ ... ἐνέργεια[7]. Die Lehre von der einseitigen Teilhabe alles Seienden am Hen – μετεχόντων ἀπάντων αὐτοῦ μηδενὸς ἔχοντος αὐτό[8] – unterstreicht dessen absolute Superiorität und Unbedürftigkeit. Es gibt nur ein Streben zum Göttlichen hin: κἀκεῖνο μὲν ἡμῶν οὐκ ἐφίεται, .. ἡμεῖς δὲ ἐκείνου[9].

Das Hen ist unbewegt, untätig, in Ruhe, weil dies der Zustand reiner Schau ist, τὸ ἑωρακὸς ἀργεῖ τὴν θέαν[10], es ist jedoch nicht ausdrücklich ein schweigender Gott. Schau und Schweigen gehören aber insofern im Kosmos Plotins zusammen, als die demiurgische Tätigkeit des Nus oder der Psyche lautlos vor sich geht; das lautlose Schauen – καὶ θεωρία ἄψοφος[11] – ist Ausdruck völlig mühelosen Schaffens: ἐποίει ⟨δὲ⟩ τόδε ἀψοφητί, ὅτι

---

[1] Ebd. VI 7, 36; vgl. V1, 7: πῶς οὖν νοῦν γεννᾷ (sc. τὸ ἕν); ἢ ὅτι τῇ ἐπιστροφῇ πρὸς αὐτὸ ἑώρα· ἡ δὲ ὅρασις αὕτη νοῦς. Vgl. V 2, 1; VI 4, 8; 4, 11; 7, 41; s. WOLF, a. a. O. S. 62ff.; WITT, Plotinus, S. 205.
[2] Vgl. Eusebios, Praep. ev. XI 18, 537 c. Vgl. THEILER, Plotin, S. 73; INGE, Plotin I S. 94; DE VOGEL, Neoplat. Character, S. 48.
[3] Enn. III 8, 11; vgl. VI 9, 10.
[4] Ebd. V 8, 13: καὶ συγχωρήσας τῷ παιδὶ τοῦδε τοῦ παντὸς ἄρχειν ...
[5] Corp. Herm. I, 1–11; vgl. DE VOGEL, a. a. O. S. 49.
[6] Enn. II 9, 1.
[7] Ebd. V 3, 7; vgl. VI 9,10.
[8] Ebd. V 5, 10; vgl. WOLF, a. a. O. S. 63ff.
[9] Ebd. VI 9, 8; vgl. III 8, 11.
[10] Ebd. VI 9, 10; vgl. II 9, 11; V 1, 6.
[11] Enn. III 8, 4; vgl. 8, 5: ἀψοφητὶ μὲν δὴ πάντα, ὅτι μηδὲν ἐμφανοῦς καὶ τῆς ἔξωθεν θεωρίας ἢ πράξεως δεῖται.

πᾶν τὸ ποιῆσαν καὶ οὐσία καὶ εἶδος· διὸ ἄπονος καὶ οὕτως ἡ δημιουργία[1]. Auf die Frage, um wessentwillen die Physis schaffe, läßt Plotin diese antworten: „Eigentlich gebührte sich's nicht zu fragen, sondern von allein und schweigend zu verstehen, so wie ich schweige und nicht gewohnt bin zu reden. ‚Und was denn zu verstehen?' Daß das, was entsteht, ein von mir Geschautes ist, ein nach meiner Anlage in mir erstehende Betrachtnis; daß mir, die ich selber aus einer solchen Betrachtung entstand, die Neigung zum Schauen mitgegeben ist. Es steht um mich nicht anders als um meine Mutter und meinen Erzeuger: Auch sie entstammen einer Betrachtung; und so ging auch meine Geburt vonstatten, ohne daß jene irgend handelten, sondern sie, die höhere Formkräfte sind, betrachteten sich selber und dadurch bin ich erzeugt worden"[2].

Abschließend sei noch bemerkt, daß man Bréhier[3], der die Kenntnis der indischen Philosophie der Upanishaden für Plotin nachweisen zu können glaubt, gerne zustimmen möchte, doch ist man als Nichtfachmann kaum befugt, zu diesem Problem Stellung zu nehmen. Immerhin ist erwähnenswert, daß in den Upanishaden das Schweigen als Haltung des Gläubigen wie als Eigenschaft des Göttlichen begegnet[4].

3. Proklos

Die Ekstase als absolutes Schweigen des Menschen

Plotin unterscheidet sich darin grundsätzlich nicht von Philon, daß er auf Grund eines vorgegebenen Dogmas Theologie treibt. Er ist aber bemüht, die reine platonische Lehre, so wie er sie verstand, zu erhalten. Im aus-

---

[1] Ebd. V 8, 7; vgl. VI 2, 21; vgl. WITT, a. a. O. S. 204: „Plotinus is fond of the epithet ‚silent' or an equivalent expression to the Hypostases".
[2] Ebd. III 8, 4, Übersetzung von R. HARDER, Plotins Schriften Bd. III, S. 4f.
[3] BRÉHIER, a. a. O. S. 118ff.; 127ff.; 135; 186.
[4] Vgl. Die Geheimlehre des Veda. Ausgewählte Texte der Upanishad's. Aus dem Sanskrit übersetzt von Paul DEUSSEN, 2. Aufl. 1907, S. 40f.; 75; 161; 166; 205; 212 u. ö. Vgl. Hermann OLDENBERG, Die Lehre der Upanishaden und die Anfänge des Buddhismus, Göttingen 1915, S. 57; 62; 263; 265ff. F. HEILER, Die Mystik der Upanishaden, in Untersuchungen zur Geschichte des Buddhismus und verwandter Gebiete XIV, 1925, S. 12ff.

gehenden Altertum ist man jedoch mehr und mehr geneigt, das Gemeinsame und „Wesentliche" der verschiedenen philosophischen Richtungen zu sehen. So ist es z. B. für Augustin nur ein Zeichen von Unkenntnis und Oberflächlichkeit, zwischen platonischer und aristotelischer Philosophie einen Unterschied machen zu wollen[1]. Die späteren Neuplatoniker, schon Plotins Schüler Porphyrios, besonders aber Jamblich und Proklos haben von ihrer gesicherten dogmatischen Position her verwandte Strömungen in ihr System eingebaut, und mit Hilfe der allegorischen Auslegung – hier ist in erster Linie Proklos zu nennen – sich ihre neuen Einsichten von Platon bestätigen lassen. Für derartige Bemühungen hat, wie gezeigt wurde, Philon den Weg gewiesen.

Da selbst die platonisch-„orthodoxe" Philosophie Plotins nur eine Richtung der religiösen nichtchristlichen Bewegungen der Spätantike ist und von daher ihre entscheidenden Impulse empfangen hat, verwundert es nicht, daß man später ohne weiteres alle möglichen gnostischen Lehren in das eigene System mit einbeziehen konnte. Es scheint in der Natur eines solchen Verfahrens zu liegen – das war auch bei Philon festzustellen –, daß man durch verwandte Züge eines anderen Systems auf noch nicht wahrgenommene Ausbaumöglichkeiten des eigenen aufmerksam gemacht wird, jede Erweiterung aber durch Berufung auf die jeweils anerkannte Autorität zu sichern sucht. Auf dieser Ebene können die Interpretationen des Redens Gottes bei Philon und das Interesse des Proklos am Schweigen der Götter verglichen werden.

Zunächst soll jedoch eine Erscheinung betrachtet werden, auf die bei Plotin nicht eigens eingegangen wurde, nämlich die Herabsetzung des inneren Logos. Für Plotin war das Gebet Ekstase, ein Hinausgehen über das Denken; die Bewegung der Seele ist erst von der dritten Hypostase abzuleiten[2]. Proklos nun faßt den inneren Logos als eine vollkommenere Bewegung im Gegensatz zu der des äußeren Logos: ὁ γὰρ ἔνδον λόγος τούτων (sc. φθόγγου καὶ ἠχῆς) οὐδὲν δεῖται παντελῶς, ἀλλ' ὁ προφορικός· . . ὅτι πάσης τῆς εἰς τὸ ἔξω φερομένης ἐνεργείας ὁ λόγος οὗτος ἔχει κίνησιν τελειοτέραν[3]. Doch erst wenn auch jener schweigt, ist die höchste Stufe des

---

[1] Contr. acad. 3, 19. Diese Entwicklung hat gerade Plotin entscheidend gefördert; vgl. Porphyrios, vit. Pyth. 14; INGE, a. a. O. II S. 192, Anm. 4.
[2] Vgl. oben S. 90.
[3] ‚Tim.' II 308 zu 37 b.

Gebetes erreicht: οὐδὲ γὰρ ἡ εὕρεσις λεγούσης τι τῆς ψυχῆς ἦν, ἀλλὰ μυούσης καὶ ὑπεστρωμένης πρὸς τὸ θεῖον φῶς, οὐδὲ κινουμένης οἰκείαν κίνησιν, ἀλλὰ σιωπώσης τὴν οἷον σιωπήν[1]. Das Schweigen als unerläßliche Bedingung höchster Erkenntnis ist eine Stufe höher angesetzt. Während die natürliche Mantik bei Poseidonios gerade auf der Eigenbewegung der Seele beruht[2], während nach Philon die Seele des Menschen gerade darin Gott am ähnlichsten ist, daß sie die „Bewegung des freien Willens" erhalten hat[3], ist bei Plotin höchste menschliche Aktivität erst über dem Nus, d. h. jenseits der Energeia möglich. Schau ist ἀργία, auch das Gespräch der Seele mit sich selbst ist verstummt: ἔστι δὲ τὸ ἑωρακὸς οὐ τὸ ἐνοχλούμενον, ἀλλὰ τὸ ἄλλο, ὅτε τὸ ἑωρακὸς ἀργεῖ τὴν θέαν οὐκ ἀργοῦν ιὴν ἐπιστήμην τὴν ἐν ἀποδείξεσι καὶ πίστεσι καὶ τῷ ιῆς ψυχῆς διαλογισμῷ[4]. Die gesteigerte Perfektion läßt eine Kommunikation mit dem Göttlichen mit Hilfe des inneren Logos nicht mehr zu, vielmehr führt nur das ekstatische Gebet zur Vereinigung mit den Göttern, dessen Wesen Proklos als ἡ συναγωγὸς καὶ συνδετικὴ τῶν ψυχῶν πρὸς τοὺς θεούς[5] definiert. Das Gebet endet über die letzten Stufen der συναφή und der κοινωνία in der höchsten Gebetsstufe, der ἕνωσις[6].

Das Reden der Götter als wirkendes Denken

Daß die Götter nicht mit menschlicher Stimme reden, wird, wie schon in der Stoa, von den Neuplatonikern bei der Homerauslegung betont. Zu

---

[1]) Ebd. I 303 zu 28c; vgl. ebd.: εἰ δὲ ἡ εὕρεσις σιωπώσης ἐστὶ τῆς ψυχῆς, πῶς ἂν ἀρκέσειε τὸ εὑρεθὲν οἷόν ἐστι ὁ διὰ τοῦ ὑτόματος ῥέων λόγος εἰς φῶς ἐξενεγκεῖν; Vgl. Plotin Enn. VI 9, 10: πῶς γὰρ ἀπαγγείλειέ τις ὡς ἕτερον οὐκ ἰδὼν ἐκεῖνο, ὅτε ἐθεᾶτο ἕτερον, ἀλλὰ ἓν πρὸς ἑαυτόν.
[2]) Vgl. Cicero, Tusc. I 55; de nat. deor. II 12, 32; Philon, somn. I 2; REINHARDT, Kosmos und Sympathie, S. 89ff., 260.
[3]) Quod deus s. imm. 48; im übrigen hält Philon aber alle Bewegung vom Bereich des Göttlichen fern, vgl. post. Cain. 29: ὅτι θεοῦ μὲν ἴδιον ἠρεμία καὶ στάσις, γενέσεως δὲ μετάβασίς τε μεταβατικὴ πᾶσα κίνησις. Vgl. gigant. 11; op. mund. 101; quod deus s. imm. 6; de conf. ling. 134. Zum Gegensatz ἠρεμία-κίνησις vgl. Aristoteles oben S. 49 mit Anm. 1.
[4]) Enn. VI 9, 10.
[5]) ‚Tim.' I 212f.
[6]) Ebd. I 208; vgl. 277; vgl. dazu THEILER, Vorbereitung, S. 146; ROSAN, Proclus, S. 216f.

αὐδήεσσα (θεός) kommentiert Porphyrios: διὰ σημείων γὰρ καὶ ὀνείρων καὶ ἱερείων καὶ οἰωνῶν καὶ θυσιῶν, οὐκ αὐδῆς, φθέγγονται οἱ θεοί[1]. Wie hier werden auch sonst Fragen der Volksreligion erörtert, so, wenn Jamblich zu den in den Mysterien gebräuchlichen ἄσημα ὀνόματα erklärt, die Götter hätten ein Wissen, das sich nicht erst durch Worte oder bildhafte Vorstellung seiner selbst vergewissern müsse[2]. Bei Proklos taucht nun auch eine Frage auf, die man bei Platon erwartet hätte, sofern die Konzeption der schweigenden Götter schon platonisch gewesen wäre. Die Frage nämlich, ob die Dichter redende Götter darstellen dürfen. Proklos will allerdings nur die Schwierigkeit eines solchen Beginnens hervorheben, die darin besteht, daß das Reden der Götter immer ein Denken, und dies wiederum ein Schaffen sei: ἢ ταὐτόν ἐστι ἐπ' ἐκείνων τά τε ἔργα μιμεῖσθαι καὶ τοὺς λόγους· ἐπεὶ γὰρ οἱ λόγοι νοήσεις εἰσίν, αὗται δὲ ποιήσεις, ὁ τῶν λόγων μιμητὴς καὶ τῶν ποιήσεών ἐστι μιμητής, ὥστε ὅσῳ θατέρου λείπεται, τοσοῦτον αὐτῷ καὶ εἰς τὴν τοῦ λοιποῦ προσδεῖ μίμησιν.[3] Das Wort Gottes als schöpferisches Wort ist im Judentum bekannt, doch findet etwa Aristobulos seine eigene Ansicht auch durch Pythagoras, Sokrates und Platon bestätigt: δεῖ γὰρ λαμβάνειν τὴν θείαν φωνὴν οὐ ῥητὸν λόγον, ἀλλ' ἔργων κατασκευάς[4]; Philon hatte als schaffende Kraft den stoischen σπερματικός λόγος angenommen, der einen niedrigeren Rang hat als Gott[5], und Plotin sprach von den überall wirksamen Logoi, die aus dem Nus stammen – τὸ γὰρ ἀπορρέον ἐκ νοῦ λόγος[6] – und die dem aristotelischen Eidos entsprechen: λόγος προσελθὼν τῇ ὕλῃ σῶμα ποιεῖ[7]. Wenn also Proklos das Schaffen des Demiurgen als λέγειν bzw. νοεῖν bezeichnet – Plotin hatte θεωρεῖν oder ὁρᾶν gesagt –, so liegt hier offensichtlich eine neue Spekulation über das Reden der Götter vor, die aber doch an frühere „Platoniker" deutlich anknüpft.

---

[1] Quaest. homer. ad. Od. pertin., S. 58 SCHRADER zu ε 334; vgl. zu Ilias, T 407, S. 239.
[2] De myst. 7, 4: τοῖς μέντοι θεοῖς πάντα σημαντικά ἐστιν οὐ κατὰ ῥητὸν τρόπον, οὐδ' οἷός ἐστιν ὁ διὰ φαντασιῶν παρ' ἀνθρώποις σημαντικός τε καὶ μηνυτικός ... Vgl. Proklos, ,Tim.' I 274; vgl. Mithrasliturgie S. 10 DIETERICH.
[3] ,Tim.' I 66.
[4] Bei Eusebios, Praep. ev. XIII 12, 3.
[5] Vgl. WOLFSON, a. a. O. I S. 343.
[6] Enn. III 2, 2; vgl. III 8, 3.
[7] Ebd. IV 7, 2; s. WOLF, a. a. O. S. 21.

Das Schweigen der Götter als Ausdruck dafür, daß Vollkommenheit und Hinwendung zur Welt sich nicht ausschließen

Außerordentlich bedeutsam wurde für Proklos das Schweigen der Götter, da es seiner Auffassung nach für das Verhältnis der Götter zur Welt und zu den Menschen entscheidend ist. In diesem Zusammenhang wird der an sich in gar keiner Weise theologisch ergiebige Eingang des platonischen Dialogs ‚Alkibiades‘ I wichtig, weil er vom jahrelangen Schweigen des Sokrates gegenüber Alkibiades handelt: .. καὶ ὅτι μὲν ἄλλοι δι' ὄχλου ἐγένοντό σοι διαλεγόμενοι, ἐγὼ δὲ τοσούτων ἐτῶν οὐδὲ προσεῖπον[1]. In diesem Verhalten des Sokrates findet Proklos anschaulich dargestellt, worauf es ihm ankommt. Hier beschreibt für ihn Platon die Art der Fürsorge eines höherstehenden Wesens, die einer niedrigeren Stufe im Kosmos zugutekommt, und die doch zugleich dem vollkommeneren Zustand der höheren nicht abträglich ist. Wie sich sogleich zeigen wird, ist für die Auslegung der von Plotin her bekannte Gedanke ausschlaggebend, daß das Schauen sowohl ein Hervorgehen als auch ein In-sich-selbst-Bleiben ist. Das Verhalten des Sokrates, als eines θεῖος ἀνήρ, ist nämlich deshalb gleichnishaft für das Wirken der Götter, weil er den Alkibiades nicht anspricht, sondern nur betrachtet: ... τεκμήριον ἔστω σοι τῆς ἀσχέτου καὶ ἀμιγοῦς πρὸς τὸ χεῖρον ἐπιμελείας. πρώτη γάρ ἐστι σχέσις ἀνθρώπων πρὸς ἀνθρώπους ἡ πρόσρησις· τὸ τοίνυν μηδὲ κατὰ ταύτην τῷ προνοουμένῳ συνάπτειν ἑαυτὸν ἐξῃρημένον παντελῶς αὐτὸν ἀποφαίνει καὶ ἄσχετον πρὸς τὸ χεῖρον[2]. Sokrates ist immer in der Nähe des Alkibiades, ohne daß er sich jedoch dabei etwas vergibt, ohne daß er sich mit ihm auf eine Stufe stellt: ἅμα δὴ οὖν καὶ πάρεστιν αὐτῷ καὶ οὐ πάρεστι, καὶ ἐρᾷ καὶ ἀσχετός ἐστι, καὶ πανταχόθεν αὐτὸν θεᾶται καὶ οὐδαμοῦ συντάττεται πρὸς αὐτόν[3]. In dieser Weise sind die Götter stets und überall anwesend und bleiben doch dabei ganz sie selbst: εἰ δὴ ταῦτα τοῦτον ἔχει τὸν τρόπον καὶ ἐπὶ τῶν θείων ἀνδρῶν, τί χρὴ φάναι περὶ αὐτῶν τῶν θεῶν ἢ τῶν ἀγαθῶν δαιμόνων; οὐχ ὡς πᾶσι παρόντες ἐξῄρηνται πάντων καὶ πάντα πεπληρωκότες ἑαυτῶν ὅμως εἰσὶν ἄμικτοι πρὸς πάντα καὶ πανταχοῦ διήκοντες οὐδαμοῦ τὴν ἑαυτῶν κατέταξαν

---

[1] Platon ‚Alkib.‘ I 103a,
[2] Proklos ‚Alkib.‘ I 54f.
[0] Ebd. 55.

95

ζωήν[1]. In den Komposita von τάττειν ist immer der Begriff τάξις, Seinsstufe, hörbar; die jeweilige Seinsstufe bleibt trotz der Hinwendung zu
einer der nachfolgenden unversehrt: πᾶς θεός ... πληθύνων τὰς ἑαυτοῦ
μεταδόσεις καὶ μερίζων, φυλάττων δὲ τὴν ἰδιότητα τῆς οἰκείας ὑποστάσεως[2].
Es ist typisch für eine solche Exegese, daß Proklos an dieser Stelle seine
ganze Theologie wiederfindet. Sokrates ist darin den Göttern ähnlich,
daß seine Fürsorge mit dem Schweigen beginnt: διότι δὴ οὖν ἑαυτὸν πρὸς
τὸ θεῖον ὁ Σωκράτης τελέως ἀφωμοίωσεν ἀπὸ τῆς σιγῆς ἄρχεται τῆς περὶ
τὸν ἐρώμενον προνοίας ... οὕτω γὰρ ἂν καὶ τῷ ἑαυτοῦ θεῷ προσόμοιος
ἐφαίνετο καὶ τὸν νεανίσκον ἐπέστρεφεν εἰς τὸ θαῦμα τῆς ἑαυτοῦ σιγῆς[3]. Er
repräsentiert also in Analogie den schweigenden Gott; das Schweigen
ist, wie Proklos lehrt, am Anfang, vor dem Reden. Die lautlose Stufe der
Götter ist da vor allen anderen Seinsstufen: δεῖ πρὸ τοῦ λόγου τὴν τὸν λόγον
ὑποστήσασαν εἶναι σιγήν[4]. Sokrates kann nicht anders „Gott" sein, im
Sinne der hier gültigen neuplatonischen ὁμοίωσις θεῷ, als jenseits des
Denkens, also in der Ekstase. Das Wort πρόνοια meint nach Proklos gerade
die Ekstase, den Zustand „vor" dem Denken in Hinsicht auf die Abfolge
der τάξεις: ἐν θεοῖς οὖν ἡ πρόνοια πρώτως. καὶ ποῦ γὰρ ἡ πρὸ νοῦ ἐνέργεια
ἢ ἐν τοῖς ὑπερουσίοις; ἡ δὲ πρόνοια ὡς τοὔνομα ἐμφαίνει, ἐνέργειά ἐστι
πρὸ νοῦ[5]. Das Entscheidende ist offenbar dies, daß Fürsorge im „eigent-
lichen" Sinne des griechischen Wortes nur den Göttern möglich ist. Das
Sich-Kümmern um die Menschen und um die Welt verrät keineswegs
eine „Bedürftigkeit" auf Seiten der Götter, vielmehr wird das ἐρᾶν – trotz
Platons Lehre, daß der Gott Eros bedürftig sei – dem plotinischen θεᾶσθαι
gleichgesetzt: καὶ ἐρᾷ καὶ ἄσχετός ἐστι, καὶ πανταχόθεν αὐτὸν θεᾶται καὶ
οὐδαμοῦ συντάττεται πρὸς αὐτόν[6]. Der Eros hat demnach auf der göttlichen, lautlosen Stufe der Henaden, die zwischen dem Hen und dem Nus

---

[1] Ebd. 55.
[2] Stoich. Theol. 125.
[3] ‚Alkib.‘ I 56.
[4] Chald. Philos. IV.
[5] Stoich.Theol. 120; vgl. ebd.122: πᾶν τὸ θεῖον καὶ προνοεῖ τῶν δευτέρων καὶ ἐξῄρηται
τῶν προνοουμένων, μήτε τῆς προνοίας χαλώσης τὴν ἄμικτον αὐτοῦ ἑνιαίαν ὑπεροχὴν
μήτε τῆς χωριστῆς ἑνώσεως τὴν πρόνοιαν ἀφανιζούσης. S. ROSAN, a. a. O. S. 69f.
Vgl. Chald. Phil. IV mit Komm. S. 36ff.; ROSAN, a. a. O. S. 214f. Vgl. Plotin
Enn. VI 9,6: πρὸ γὰρ κινήσεως καὶ πρὸ νοήσεως (sc. τὸ ἕν)· τί γὰρ νοήσει; ⟨ἢ⟩
ἑαυτόν. πρὸ νοήσεως τοίνυν ἀγνοῶν ἔσται ...
[6] ‚Alkib.‘ I 55; vgl. ‚Alkib.‘ II 110; s. KOCH, a. a. O. S. 129.

stehen, seinen Platz: καὶ αὐτῷ τῷ ἔρωτι τοῦτο δὴ τὸ ἀφθεγκτόν ἐστιν οἰκεῖον ἐκεῖ πρῶτον... ἐν τῇ σιγωμένῃ τάξει τῶν θεῶν ἑαυτὸν ὑποστήσαντι[1]. Damit ist das Verhalten des Sokrates, die göttliche Art seines Eros erklärt, Unbedürftigkeit und In-sich-Ruhen der Götter schließen eine Hinwendung zur Welt nicht aus[2]. Notwendig ist allerdings, daß das Hen in einem absoluten Bei-sich-Sein – es ist völlig isoliert und sogar noch jenseits von Schweigen und Ruhe[3] – die Göttlichkeit der nachfolgenden Hypostasen garantiert. In der Bestimmung des Hen wird Philons Aussage über die Erfahrung des „bloßen Vorhandenseins" Gottes noch überboten: ὡς πάσης σιγῆς ἀρρητότερον καὶ ὡς πάσης ὑπάρξεως ἀγνωστότερον[4]. Notwendig ist ferner, daß der Weg der Emanation vom Hen bis zur sichtbaren Welt um eine Vielzahl von Zwischenstufen erweitert wird. Außerdem gibt jede Hypostase ihrerseits gleich dem Hen von ihrer Überfülle ab, ist also nicht infolge ihrer Unvollkommenheit nur nach dem Hen hin orientiert[5].

Der Gedanke, daß das Schweigen vor dem Reden liegt, auch vor dem Denken als einem Reden mit sich selbst, hat Proklos bei seinen Überlegungen über das Uranfängliche zur ‚Philosophie der Chaldäer' hingezogen, über welche er auch eine Schrift verfaßte. Wie im platonischen ‚Phaidros' (247d) unverfälschtes Wissen das Denken des Gottes „nährt", so nährt hier das Schweigen die Götter: τοιοῦτος γὰρ ὁ ἐκεῖ νοῦς, πρὸ ἐνεργείας ἐνεργῶν, ὅτι μηδὲ προῆλθεν, ἀλλ' ἔμενεν ἐν τῷ πατρικῷ βυθῷ καὶ ἐν τῷ ἀδύτῳ κατὰ τὴν θεοθρέμμονα σιγήν[6]. Der „väterliche Urgrund" stammt aus dem gnostischen System der Chaldäer.

---

[1] Ebd. 56; vgl. 51: ἐκφαινόμεναι δὲ πρώτως ἐν τῇ ἀφθέγκτῳ τάξει τῶν θεῶν, πίστις καὶ ἀλήθεια καὶ ἔρως.
[2] Ein Zitat aus der Kathaka-Upanishad soll hier angeführt werden, um zu zeigen, wie das Nachdenken über Licht und Schau auch sonst zu, wenigstens dem Wortlaut nach, ähnlichen Ergebnissen führt: „Das Licht, als eines, eindringt in den Weltraum / und schmiegt sich dennoch jeglicher Gestalt an:/ so wohnt das eine innere Selbst der Wesen / geschmiegt in jede Form und bleibt doch draußen" (5,4, S. 164 DEUSSEN).
[3] ‚Parm.' VI 164: δῆλον ὡς ἁπάντων τοιούτων ἐξῄρηται τὸ ἕν, ἐπέκεινα ὂν καὶ ἐνεργείας καὶ σιγῆς καὶ ἡσυχίας ... Vgl. Stoich. Theol. 116; s. KOCH, a. a. O. S. 129.
[4] Theol. Plat. 11, 110; s. BEUTLER, RE XXIII 1, Sp. 217; vgl. Stoich. Theol. 133
[5] Vgl. BEUTLER, RE Sp. 212.
[6] ‚Tim.' II 92. Zur Bedeutung s. KOCH, a. a. O. S. 129; vgl. W. KROLL, Breslauer Abh., S. 16.

Wenn Proklos von Göttern spricht, so meint er damit die idealisierten homerischen Götter[1]. Er ist nicht der erste, der Platon und Homer gleich hoch schätzt und eine Versöhnung beider versucht, doch hat er konsequent das System erweitert, um darin die olympischen Götter aufnehmen zu können[2]. Auf der höchsten Stufe sind sie die schon erwähnten Henaden, die unmittelbar aus dem Hen stammen, doch sind diese namenlos, höchste Götter schlechthin: ... χωριστοὶ τῶν ἄλλων ὄντες οἱ θεοὶ τῷ ἀγαθῷ συνήνωνται καὶ οὐδὲν εἰς αὐτοὺς παρεισδύεται τῶν χειρόνων, ἀλλ' εἰσὶν ἀμιγεῖς πρὸς πάντα καὶ ἄχραντοι καθ' ἕνα ὅρον καὶ μίαν τάξιν ἑνοειδῆ προυπάρχοντες ...[3]. Der Demiurg hingegen gehört zum Bereich des Nus und wird mit Zeus identifiziert. Dieser schafft durch das Reden, das aber heißt, wie gesagt, auf dieser Stufe durch das Denken: ποιεῖ δὲ καὶ ὁ δημιουργός, ἀλλὰ τῷ λέγειν (τοῦτο δὲ ταὐτὸν τῷ νοεῖν. λέγει γὰρ δήπου νοῶν καὶ ἀκινήτως καὶ νοερῶς)[4]. Allerdings ist infolge der Vermehrung der Seinsstufen Zeus als oberster Demiurg wiederum von niederen Demiurgen zu unterscheiden; so wenigstens hat für Proklos Platon den Sachverhalt im ‚Timaios‘ geschildert: προϊέμενος δ' ἀφ' ἑαυτοῦ τὴν ὅλην δημιουργίαν καὶ προστησάμενος μερικωτέρους τῶν ὅλων πατέρας, αὐτὸς δὲ ἀκίνητος ἐν τῇ κορυφῇ τοῦ Ὀλύμπου διαιωνίως ἱδρυμένος καὶ διττῶν κόσμων βασιλεύων ὑπερουρανίων τε καὶ οὐρανίων, ἀρχὴν δὲ καὶ μέσα καὶ τέλη τῶν ὅλων περιέχων[5]. Bei der Frage nach dem Modell, das der Demiurg vor Augen hat, wird wiederum die Einsicht, daß dem Reden das Schweigen voraufgeht, ins Spiel gebracht. Das Modell, das αὐτοζῷον, schafft schweigend durch sein „noetisches Vorhandensein“: ποιεῖ δὲ καὶ τὸ αὐτοζῷον ..., ἀλλὰ μετὰ σιωπῆς καὶ αὐτῷ τῷ εἶναι καὶ νοητῶς[6]. Es ist bezeichnend für Proklos, daß er nicht wie Plotin das Schauen hervorhebt – das Modell „schafft“ eben dadurch, daß es angeschaut wird –, sondern sich der gnostischen Terminologie bedient: Der demiurgische Logos empfängt das väterliche Schweigen, διαδέχεται γὰρ τὴν μὲν πατρικὴν σιγὴν ὁ δημιουργικὸς λόγος[7]. Da der Nus, der durch die

---

[1] Vgl. dazu FRIEDL, Homerinterpretation, S. 70ff.; ROSAN, a. a. O. S. 131ff.; BEUTLER, RE Sp. 223ff., bes. 228f.
[2] Vgl. BEUTLER, RE Sp. 218; FRIEDL, a. a. O. S. 67.
[3] ‚Pol.‘ I 72; s. FRIEDL, a. a. O. S. 88f., vgl. Stoich. Theol. 133; 123; 119.
[4] ‚Tim.‘ III 222; vgl. Stoich. Theol. 167; 173; 174.
[5] ‚Tim.‘ I 310 zu 28c; vgl. Theol. Plat. V 12ff.; s. BEUTLER, RE Sp. 229.
[6] ‚Tim.‘ III 222.
[7] Ebd. III 222.

Einführung der Henaden die dritte Hypostase ist[1], seinerseits wieder triadisch gegliedert ist, wobei das schweigend schaffende αὐτοζῷον vor dem Demiurgen auf der zweiten Stufe steht[2], ist auch innerhalb der Nus-Triade ein πατρικόν „jenseits des Schweigens" anzusetzen[3]. Der Schöpfergott Zeus hat dann als Ausgangspunkt der Welt der aktualen Vielfalt eine überragende Stellung als ποιητής und πατήρ dieser Welt, während die Mehrzahl der anderen mythologischen Götter im Bereich der Psyche zu finden ist[4].

Die Einführung der Henaden, die weit über den individuellen Göttern des Mythos stehen, ist ein eindrückliches Beispiel dafür, wie in religiös bewegten Zeiten Überkommenes umgedeutet werden kann. In ganz neuer Weise hat der Neuplatonismus, wie es vor Platon schon die Dichter-Theologen taten, die mythologischen Götter gedeutet und sie dem religiösen Empfinden der Zeit entsprechend auf jene „lautlose Stufe" emporgehoben. Während die anthropomorphen homerischen Götter nach alter Tradition allegorisch gedeutet werden, findet Proklos seine eigene Anschauung vom Wesen der Götter doch auch bei Homer selbst, indem er im sichtbaren Gott Helios sozusagen den verinnerlichten Typ des Pythagoreers sieht, wie ihn etwa Plutarch mit den Worten ἡσυχίαν ἄγων, σιγῇ δὲ καθ᾽ ἑαυτὸν ὁρῶν ἤκουεν,[5] beschrieben hatte. Zu dem Vers aus der Ilias[6]: Ἠέλιος θ᾽, ὃς πάντ᾽ ἐφορᾷς καὶ πάντ᾽ ἐπακούεις, bemerkt Proklos: καὶ ἔχουσι οἱ ἐμφανεῖς θεοὶ καὶ τὴν ὁρατικὴν αἴσθησιν καὶ τὴν ἐπακουστικήν, ἀλλ᾽ οὐκ ἔξωθεν[7]. Und wenn er fortfährt, daß wie die Sonne auch der Mond wohl Augen und Ohren hätte, nicht aber Nase und Mund, um Geruch und Geschmack wahrzunehmen, so erinnert diese Erörterung an die Gottesvorstellung des Xenophanes[8]. Nur Sehen und Hören bleiben als reine Sinneswahrnehmungen und somit auch als angemessene Tätigkeit der Götter übrig. Der schweigende Sokrates hatte in dieser Weise als Pythagoreer, der das Schweigen dem Reden vorzieht(!)[9], wie ein sichtbarer Gott göttliches Wesen verwirklicht.

---

[1] Vgl. dagegen oben S. 90 Plotins Auseinandersetzung mit gnostischen Lehren.
[2] Vgl. oben S. 98.
[3] Vgl. dazu BEUTLER, RE Sp. 224ff.; FRIEDL, a. a. O. S. 70; 78.
[4] Die anthropomorphen Züge werden allegorisch gedeutet; s. FRIEDL, a. a. O. S. 94; 88.
[5] Quaest. Conv. VII 8, 1, 728d HUBERT.
[6] Γ 277. [7] ,Krat.' 37. [8] Vgl. oben S. 58.
[9] Vgl. ,Alkib.' I 56: καὶ φῶμεν ὅτι τὸ ἄρρητον προηγεῖται (sc. Σωκράτης) τῶν ῥητῶν ἐν τοῖς θείοις καὶ τὸ ἄφθεγκτον τῶν φθεγκτῶν καὶ τὸ σιγώμενον τῶν διὰ λόγων καὶ φωνῶν γινομένων.

SCHLUSSBETRACHTUNG

Die Untersuchung kann hier abgebrochen werden. Es hat sich herausgestellt, wie wenig Veranlassung dazu besteht, eine fest umrissene Gottesvorstellung als „griechisch" schlechthin zu bezeichnen; daß ferner der religiöse spätantike Platonismus, dessen Theologie das Schweigen als Wesensmerkmal Gottes kennt, weit weniger mit Platon als mit den aus dem Orient stammenden Mysterienreligionen zu tun hat. Man wird umgekehrt anerkennen müssen, daß spätantike Theologie, sei sie nun „heidnisch" oder christlich, bis heute bestimmt, was Theologie „eigentlich" sei. Das ist in einer Weise nicht neu; es widerspricht jedoch der historischen Betrachtungsweise, eine Entwicklung des theologischen Denkens nachweisen zu wollen, die in der christlichen oder einer sonstigen Theologie während der ersten nachchristlichen Jahrhunderte ihre bis heute gültige Norm gefunden hätte. Die Tatsache, daß man meinte, *die* „griechischen" Götter entdeckt zu haben, ist gleichwohl ein zu beachtendes geistesgeschichtliches Phänomen. Daß die Formulierung einer „griechischen" Theologie nur in einer bestimmten geschichtlichen Epoche von Menschen gefunden werden konnte, die durch ein bestimmtes religiöses Empfinden geprägt waren, ist jedem einsichtig, der den Grundsatz des Historismus anerkennt, daß das geschichtlich sich Wandelnde nicht sekundär ist, sondern daß gerade das Individuelle in seiner Einmaligkeit einzig historische Realität besitzt[1]. Die Konzeption einer allgemein-griechischen Götterlehre also sagt weniger über „die griechischen Götter" aus, die in solcher Allgemeinheit nachweislich niemals für einen Griechen Bedeutung hatten, als es eine Art neuer, wieder individuell geprägter Theologie ist.

Die im 18. Jahrhundert entstandene neuzeitliche Griechenverehrung ist eine unter ganz bestimmten geschichtlichen Voraussetzungen stehende religiöse Bewegung gewesen. August Langen hat in seiner Untersuchung ,Der Wortschatz des deutschen Pietismus' aufzeigen können, daß im Deutschland des 18. Jahrhunderts die pietistische Frömmigkeit den Grundton und Empfindungswert aller, zumal der religiösen Dichtung angegeben hat. Die Stillen im Lande, die „Gegner des verkünstelten barocken Stils und

---

[1] Vgl. dazu Michael LANDMANN, Überwindung und Wiedergeburt des Platonismus im Denken der Neuzeit, Antike u. Abendland V 1956, S. 121–138; bes. S.130f.

seiner Schulrhetorik"[1], haben mit den „Heiden" Winckelmann, Goethe und Hölderlin, die bekanntlich gerade vom Pietismus her entscheidende Eindrücke empfingen, nicht wenig gemein[2]. Wenn etwa Rehm schreibt: „Denn bei den Pietisten lebte ja auch noch das Wissen von der Stille, der Sabbatstille, in der allein sich die Begegnung mit Gott vollziehen kann; die Schauer des ‚heiligen Schweigens' wurden hier noch immer erfahren, etwa von einer so schlichten und ‚stillen' Erscheinung wie der Tersteegens", und ferner zu Winckelmanns Schriften: „Man greift deutlich die Verweltlichung dieser religiösen Haltung, freilich eine Verweltlichung, die als solche vielleicht gar nicht mehr anzusprechen ist"[3], so muß der letzte Satz unterstrichen werden, d. h. man sollte den Begriff „religiös" nicht auf die christliche Glaubenserfahrung beschränken. Mit anderen Worten, das Wort „Stille" erscheint bei Winckelmann oder Hölderlin nicht weniger „im religiösen Zusammenhang" als bei Tersteegen oder Klopstock[4]. Wie die Tatsache zu beurteilen ist, daß sich etwa bei Hölderlin schon in seinen frühen Gedichten, noch „unter der Herrschaft der Bibel", „eben die Formen abzeichnen, die sich später mit den griechischen Symbolen vermählen werden"[5], müßte erst noch genauer geprüft werden. In Hinsicht auf die Vorstellung der schweigenden Götter läßt sich so viel sagen, daß die Hinwendung zur heidnisch-griechischen Antike eine Absage an das christlich-humanistische Rom war, daß aber der deutsche Griechenglaube des 18. Jahrhunderts weit weniger eine Wiedererweckung „griechischer" Frömmigkeit als vielmehr eine reformatorische Bewegung im Anschluß an den von der altdeutschen Mystik herkommenden Pietismus war.

Dennoch entsprang Winckelmanns Griechenbild nicht anhaltslosem „Hineindeuten". Er traf mit seiner Sicht, die an den Werken der bildenden Kunst orientiert war, jenes Vollkommenheitsideal des vierten Jahrhunderts v. Chr., welches sich in verschiedenen Ausprägungen auch bei Platon, Aristo-

---

[1] LANGEN, a. a. O. S. 6, mit Hans SPERBER.
[2] Vgl. dazu SCHADEWALDT, Winckelmann als Exzerptor, jetzt a. a. O. S. 637 und 657; Schadewaldt sagt mit Recht, daß Winckelmann in dem Ausblick bei Langen neben Klopstock, Schubart, Goethe, Moritz und Jacobi einen eigenen Abschnitt verdient hätte (S. 656 Anm. 2). Zu Goethe vgl. LANGEN, a. a. O. S. 458—465.
[3] REHM, Götterstille S. 109, vgl. S. 107. Vgl. LANGEN a. a. O. S. 433 f.
[4] Anders REHM, a. a. O. S. 108. Doch vgl. SCHADEWALDT, Winckelmann als Exzerptor, jetzt a. a. O. S. 657.
[5] SCHADEWALDT, Hölderlin und Homer I, jetzt a. a. O. S. 695.

teles und Epikur nachweisen läßt. Freilich ist dieses Vollkommenheitsideal bei Winckelmann überlagert von der spätantiken religiösen Auffassung des In-sich-Ruhens, des Zustandes der Anaisthesia, sowie den späteren Lehren des religiös-ästhetischen Platonismus überhaupt. So ist es historisch wohl richtig, wenn man sagt, im 18. Jahrhundert seien die „griechischen" Götter nicht wieder-, sondern erstmalig erschienen. Andererseits – und hier kommen lebendige Tradition und geschichtliche Kontinuität zur Geltung – haben pietistische und „griechische" Frömmigkeit zu viel Gemeinsames, als daß man den Übergang zur griechischen und die Abwendung von der biblischen Welt als eine besonders scharfe Zäsur im Sinne eines „Neuheidentums" betrachten könnte.

Das Erbe der mystisch-pietistischen Tradition ließe sich bei Hölderlin besonders gut zeigen. Schon wenige Sätze der Interpretation von Wolfgang Schadewaldt lassen erkennen, wie die hier angesprochene – und sich wohl auch aussprechende – Religiosität von der Mystik und fernerher von der spätantiken Gnosis bestimmt ist: „Die Geliebte ist in die Ferne hinausgerückt, und Hyperion muß ihr nahen, sich auf sie zu bewegen. Sie lebt über Meer, auf der Insel Kalaurea, eine Seefahrt muß die Getrenntheit der räumlichen Entfernung überwinden, und auch eine innere Ferne muß überwunden werden. Denn ohne nach sich, nach andern zu fragen, nichts suchend, auf nichts sinnend, läßt Hyperion, halb im Schlummer sich im Boote wiegen, einsilbig. In diesem von allem abgezogenen, weltvergessenen Seelenzustand schifft er hinüber auf einer Fahrt, die etwas Sakramentales hat . . . Jedoch wie ein ahnungsvolles Wunder wirkt plötzlich mitten in seine Unbewußtheit das Kommende herein"[1]. Das Gefühl der Ferne, die „tiefste Abgestorbenheit der Seele"[2], entspricht der schmerzlich empfundenen Gottesferne des Mystikers[3]. Das Wort „Unbewußtheit" ist mit ἀναισθησία wiederzugeben, und die Beschreibung des Zustandes erinnert sehr stark an den Wortlaut im ‚Poimandres': καθάπερ οἱ ὕπνῳ βεβαρημένοι ἐκ κόρου τροφῆς . . – „halb im Schlummer". Bis heute behauptet sich also, was das religiöse

---

[1] SCHADEWALDT, Hölderlin und Homer II, jetzt a. a. O. S. 750.
[2] Ebd. S. 661.
[3] Vgl. Evelyn UNDERHILL, Mystik. Eine Studie über die Natur und Entwicklung des religiösen Bewußtseins im Menschen. Aus dem Englischen übertragen von Helene MEYER-FRANCK und Heinrich MEYER-BENFEY, München 1928, bes. S. 494ff.

Empfinden betrifft, eine Tradition, die über die nachchristlichen Jahrhunderte kaum zurückreicht, so daß der Weg zum Verständnis griechischer Religiosität schwieriger denn je erscheint. Selbst Walter F. Otto kann nur einen Umweg angeben – und der ist bezeichnend genug: „Das Staunen ergriffener Mysten erklärt sich ihm (dem modernen Gelehrten) leicht aus Priesterkünsten und Selbstanbetung. Wer aber einmal Zeuge einer großen orientalischen(!) Kulthandlung, wie etwa der chinesischen Beschwörung und Begrüßung des Confuzius, gewesen ist, der weiß, daß unsere Verstandesbegriffe hier nicht ausreichen... da zweifelt auch der Aufgeklärte nicht mehr an der tatsächlichen Anwesenheit der Überirdischen. Hier aber in Eleusis war mehr"[1].

Damit dürfte der geistesgeschichtliche Hintergrund für die in der Einleitung gegebenen Hinweise auf die Deutung griechischer Religiosität soweit erhellt sein, daß Folgendes deutlich geworden ist: Die Vorstellung der „schweigenden Götter" und die zugrunde liegende religiöse Erfahrung gehören wesentlich zum Glaubensbekenntnis einer religiösen Bewegung der Neuzeit, nämlich dem im 18. Jahrhundert entstandenen deutschen Neuhumanismus. In der hier begegnenden Form ist diese Vorstellung etwas völlig Neues und in gar keiner Beziehung eine Wiederholung, da in neuer, eigentümlicher Brechung die gnostisch-neuplatonisch verstandenen Schriften Platons nunmehr von pietistischer Empfindsamkeit her gedeutet wurden. Es muß zu denken geben, daß die „griechischen" Götter Winckelmanns und Hölderlins in gewisser Hinsicht den Rahmen der religiösen Vorstellungen, der durch die altdeutsche Mystik und den deutschen Pietismus vorgezeichnet war, nicht sprengen. Es scheint daher geboten, dem „Eigenartigen" oder gar „Fremdartigen" bei den griechischen Klassikern größere Aufmerksamkeit zu schenken. Wahrscheinlich kann man nur dann über die jeweilig gültigen theologischen Anschauungen griechischer Dichter und Philosophen etwas aussagen, wenn man von dem Postulat absieht, daß „die Griechen" uns etwas zu sagen hätten und somit dem heutigen religiösen Empfinden entgegenkommen müßten.

---

[1] OTTO, Der Sinn der Eleusinischen Mysterien, jetzt a. a. O. S. 334.

Die Zahl hinter dem Komma verweist auf die Anmerkung der angegebenen Seite

Aischylos
  Choephoren
  283   2,3
  461   2,2
  Hiketiden 100 ff.   58,4
Albinos
  Didaskalikos X   63,2
Apuleius
  Metamorphosen XI 24   71,7
Aristophanes
  Acharner 237 ff.   74,6
  Frieden 433   74,6
  Frösche 1008 f.   17,5
  Wolken 262   74,6
Aristoteles
  De anima B 420 b 27 ff.   59,1
  De caelo I 279 a 18 ff.   48,13
  Ethica Nicomachea
  VII 1,1145 a 22 – 26   48,1
    14,1154 b 26–28   49,1
  X 7,1177 b 24–28   48,10
    7,1177 b 30 f.   51,3
    7,1178 a 6–8   49,6
    8,1178 b 7–10   48,14
    8,1178 b 10–15   47,3
    8,1178 b 16–23   48,2
    8,1178 b 20–22   89,4
    9,1179 a 24   52,8
    9,1179 a 24–29   51,1
  Magna Moralia
  II 15,1212 b 33–1213 a 7   49,2
  Metaphysica
  B 2,997 b 9–11   47,3
    4,1009 a 9   31,2
  E 1,1026 a 19   31,3
  K 7,1064 b 3   31,3
  Λ 7,1072 b 3   49,4
    7,1072 b 24   49,1
    7,1072 b 29–1073 a 11   48,4.5.6
    8,1073 a 30   27
    8,1074 b 3–7   47,2
    9,1074 b 16   51,1
    9,1074 b 25   48,6

    9,1074 b 33–35   48,12
  Problemata
  XI 23,901 b 17 ff.   59,1
    51,904 b 28 ff.   59,1
  Physica
  Θ 5,256 b 25   48,8
  Περὶ φιλοσοφίας Frg. 16 (Ross) 22,2
Augustin
  Contra academicos 3,19   92,1
Chaldäische Orakel (Kroll)
  S. 16   75,8
Cicero
  De divinatione
  I 64   64,4
    109 ff.   64,1
    110   66,1
    115   64,3
    129   61,1; 64,2; 68,4
  De finibus bonorum et malorum
  II 27,88   60,1
  De natura deorum
  I 32,90   59,4
    32,92   60,2
    34,95   59,3
  II 12,32   93,2
  De re publica VI 29   65,4
  Tusculanae disputationes
  I 55   93,2
Clemens Alexandrinus
  Stromata
  V 12   83,7
  VI 43   64,4
Cyprian
  De dominica oratione 4   68,3
Diogenes Laertius
  Synagoge I 12   46,1
Epikur
  Briefe
  I 53   59,1
  III 123   52,3
  IV 124   52,7
Euripides
  Hekabe 529 ff.   74,6

Eusebius
Praeparatio evangelica
IV 13,1c 68,1
XI 18,537c 90,2
18,539b–c 83,7
22,453c 86,5
XIII 12,3b 94,4
Heraklit (Diels-Kranz)
Frg. B 123 75,4
Corpus Hermeticum
I 1 74,1
1–11 76,3; 90,5
26 82,2
31 68,2
VIII 5 75,2
X 5 75,1.3
19 75,1
XIII 7 74,2
16 75,5
Homer
Ilias
B 17; 786 58,2
Γ 129 58,2
277 99,6
Δ 127f. 52,3
E 353 58,2
Θ 42; 392 58,2
539 52,2
Ω 340ff. 58,2
Demeterhymnus 478 74,4
Irenaeus
Adversus haereses
I 1,1; 11,5 76,1
Jamblich
De mysteriis 7,4 94,2
Protreptikos 21 19,2
Vita Pythagorica
6,31; 32 72,4
16,72 72,5
20,94 72,2
34,246 72,2
Marc Aurel
Εἰς ἑαυτόν X 38,2 63,2
Martyrium Petri (Bonnet)
S. 96,16 68,2
Mithrasliturgie (Dieterich)
S. 6,20ff. 75,6
S. 8,17ff. 76,4

Neues Testament
Galater 1,12 81,5
1. Korinther 15,7 81,5
Römer 8,24 65,4
8,26 69,1
2. Timotheus 2,18 65,4
Origenes
Κατὰ Κέλσου
VI 62 59,1
VII 42; 43 83,7
Parmenides (Diels-Kranz)
Frg. B 3 88,8
Philodemos
De deorum victu (Usener)
Frg. 286 52,8
De musica (Usener)
Frg. 386 52,4
Περὶ εὐσεβείας (Usener)
Frg. 38 52,4
Frg. 386 53,2
Περὶ θεῶν (Diels)
I S. 10 52,2
III S. 16 52,9
S. 36 58,7
S. 37 59,4; 61,4
Philon
De Abrahamo
57 78,4
87 80,2
De agricultura 53 79,4
De confusione linguarum 134 93,3
De decalogo
32 60,3; 79,4
33 79,5
De ebrietate 82 78,4
De fuga et inventione
54 81,1
208 78,4
De gigantibus 11 93,3
De legibus allegoriis
I 51 83,4
III 29 79,2
57 60,3
De migratione Abrahami
38 80,1
47 59,1; 79,4
48f. 79,5
50 79,6

105

52	79,4.10; 80,5
90;191	80,2
De mutatione nominum	
11; 13	83,5
15	83,6
De opificio mundi	
29	79,8
101	93,3
De posteritate Caini	
19	82,5
29	93,3
168	83,2
De praemiis et poenis 43–48	78,4
Quis rerum divinarum heres sit	
72f.	81,2
74	83,1
Quod deus sit immutabilis	
6; 48	93,3
55	82,7
83	80,5
De somniis	
I 2	79,3; 93,2
29	59,1
67	82,5; 83,3
II 1	79,3
De specialibus legibus	
I 65	81,2
128	80,3
IV 60	78,2
De vita Mosis	
II 6	80,2; 86,6
191	81,1
Philostratos	
De vita Apollonii	
I 1	73,3
15	73,1.2; 74,5
Platon	
Alkibiades I 103a	95,1
Apologie	
24b–c	17,4
28d–f	45,1
Charmides 154e	42,3
Euthyphron	
3b	17,3
5e	39,1
15a–b	39,8
16a	17,3
Gorgias 454a–e	43,5; 44,5

454e–455a	30,1
455a	43,6
459b	43,1
482c	45,7
498d; 499a	44,5
501e	17,5
517b	43,7
521d	43,1
Kriton 51b	45,1
Menon	
86b	45
97a–c	44,2
Nomoi	
II 652a–655d	53,4
660a	43,7
664e–665a	53,4
III 679c	33,3
IV 716c	23
716c–717a	39,6
719b–720a	43,3
VII 796b–d; 814e	53,4
817a–d	17,1
835c	86,7
X 885b–d	39,8
885c–d	43,7
887b	39,6
888c	28,1
897b	39,6
899d–906d	25
900e	39,6
901a; 902b–c	39,6
902d–903a	39,3
XII 931d; 941b	39,6
Parmenides	
133a–134d	51,4
Phaidon	
64c	86,8
64d; 65a	29,4
67b	35,6; 41,3; 66,2
78d	35,7
79c–d	86,8
79d	35,7
80b	35,5.6
80d; 81a	38,3
81c–d	86,3
82a–b	33,2
82b	33,3
83b	41,3

88 c	45,1	494 d–e	45,5
100 b	35,7	496 c	44,1
114 d	45	500 b	83,7
114 e	29,5	500 c	31,7; 34,2; 35,9; 41
Phaidros		500 c–d	41,3
230 a	22,4	500 d	43,3; 45,2
234 d; 238 c	22,5	505 a	29,2
239 b	22,3	505 d–e	37,4
242 e; 243 a	34,4	506 d	26,1; 37,3
246 d	35,11	506 d–e	83,3
246 d–e	36,10; 37,2	506 d–509 c	37,1
246 d–247 a	39,1	508 a–d	41,4
247 a	41	508 e	33,6; 37,5
247 b	40	509 b	29,3
247 c	35,10.12; 36,2	509 c	26,1
247 d	36,1.2.3.5	511 d	48,11
247 e	36,4	VII 519 e	43,3
248 a	36,6	533 d	79,5
249 c	36,2	540 a b	43,3
250 b	36,8	540 b	44,1
250 c	36,9	540 b–c	31,6
253 a	29,4	X 600 e	66,2
270 b	43,1	603 c	39,7
275 d	42,2	606 e–607 a	17,1
276 c ff.	25	607 a	17,2; 31,5
276 e	45,5	611 e	41,3
277 e	44,5.8	Protagoras	
278 a	44,5	315 e	22,3
278 d	46,1	322 e	22,4
Philebos		Politikos	
30 c–d	39,1	269 d	35,9
38 c	63,1	271 d	22
58 a–b	43,7	272 b–d	33,3
60 c	39,8	284 d	26,1
Politeia		294 a–295 b	43,6
II 378 e	30,8	300 d	31,7
379 b–380 c	30,9	301 c–d	45,7
381 c	31,6	303 e	30,5
382 a	30,11	304 a	45,7
382 e	22,4	304 c–d	30,4
383 a–c; 383 b	31,1	Sophistes	
387 e; 388 d	39,7	254 a	79,5
III 389 b–c	43,7	254 c	26,1
398 a–b	17,1	263 e; 264 a	63,1
IV 429 c	30,3	265 c	39,3
VI 489 c	44,1	Symposion	
492 d	43,7	195 a	33,4
494 a	44,1	196 b	34,1; 39,7

196 d	33,1
197 c; e	33,5
198 a	34,5
201 b	34,4
202 a	30,2; 44,3
204 a	46,1
204 c	34,3
206 c–d; 208 b	22,6
209 a–d	34,4
209 b	22,6
210 e	35,1; 38,2.5
211 a	34,6; 57,1
211 b	35,2
211 d	49,5
211 e	22,6; 35,3
211 e–212 a	29,4
219 a	79,5
Theaitetos	
173 e	29,4
176 b	29,1
176 e	31,8
190 a	63,1
Timaios	
28 c	26,1; 39,5
28 c–29 a	35,8
29 b	44,6.7
29 c	44,2; 45,7
29 d–30 a	39,3
31 b	23
33 c; 34 b	39,8
34 a–b	39,3
37 b	66,2
37 d	24
41 a–d	39,4
48 a	43,3
48 c	26,1
51 e	44,5.7; 45,3
53 d	26,1
56 c	43,3
67 b	59,1
90 c	66,2
92 c	24; 39,5
Briefe	
VII 341 b–e	25
341 c	45,6
341 e	42,4; 44,8; 45,6
344 b	44,8
345 b	45,6

Plotin
Enneaden

I 7,1; 8,2	88,10
II 9,1	90,6
III 2,2	89,6; 94,6
8,3	89,5; 94,6
8,4	86,2; 89,5; 90,11; 91,2
8,5	85,5; 90,11
8,6	85,6; 86,2
8,11	90,3.9
IV 7,2	94,7
V 1,6	87,2; 90,10
1,7; 2,1	90,1
3,7	87,4; 90,7
3,10	86,2
3,11; 13	88,10
3,17	87,8
5,6	88,2
5,10	90,8
8,7	91,1
8,13	90,4
9,11	88,3
VI 2,21	91,1
4,8; 11	90,1
6,6	88,10
7	27
7,17	88,10
7,31	85,8
7,34	85,8; 86,2; 87,7; 88,2
7,36	63,2; 90,1
7,39	87,8
7,41	90,1
8,15	87,7
9	27
9,4	87,7
9,6	88,6; 96,5
9,8	90,9
9,9	82,3; 85,7; 87,5; 89,7
9,10	87,8; 90,3.7; 93,4
9,11	86; 87,5.8

Plutarch
Adversus Colotem

1119 c–1120 a	52,6

De garrulitate

3,505 f.	19,2

De genio Socratis

20,588 d	64,5; 65,2; 79,9
588 e	66,4

588 e–f	66,5
589 b	66,6
589 c	73,4
De Iside et Osiride	
78,362 c	66,6
78,382 d	76,4
De profectione in virtute	
10,81 d–e	74,4
Quaestiones convivales	
VIII 8,728 f.	72,6
8,728 d	99,5
Porphyrios	
De abstinentia	
II 34	68,1
De antro Nympharum 27	74,4
Quaestiones Homericae ad	
Odysseam pertinentes (SCHRADER)	
S. 58	94,1
De Vita Pythagorae 14	92,1
Proklos	
Alkibiades	
I 51	97,1
54 f.	95,2; 96,1
55	96,6
56	96,3; 97,1; 99,9
II 110	96,6
Kratylos	
37	99,7
63	75,8
Parmenides IV 164	97,3
Politeia I 72	98,3
116	97,3
119	98,3
120; 122	96,5
123	98,3
125	96,2
133	97,4; 98,3
Timaios	
I 66	94,3

208	93,6
212	87,3
212 f.	93,5
274	94,2
277	93,6
303	93,1
310	98,5
II 92	97,6
308	92,3
III 222	98,4.6.7
Septuaginta	
Exodus 20,18; 22	80,4
33,11	80,6
Numeri 12,8	80,6
Deuteronomium 34,20	80,6
Sextus Empiricus	
Adversus Physicos	
I 178	61,2.3
179	61,5.6
Stobaios	
Eclogae physicae et ethicae	
II 49,17	40,6
Stoicorum Veterum Fragmenta	
(VON ARNIM)	
I 74	59,1
II 135	63,1
139	59,1
144	59,1; 62,1
167; 223	63,1
Strabon	
Geographica X 3,9	75,4
Xenophanes (DIELS-KRANZ)	
Frg. A 1	58,6
B 1	58,1
B 23	57,1
B 24	58,1
B 25	58,4
B 26	58,3

Aristotelis Ethica Nicomachica, rec. brevique adnotatione critica instruxit I. Bywater, 12. Aufl. Oxford 1957.

Aristotelis Metaphysica, rec. brevique adnotatione crit. instr. W. Jaeger, 2. Auflage Oxford 1960.

Aristotelis Physica, rec. brevique adnotatione crit. instr. W. D. Ross, Oxford 1950.

Epicurea, ed. H. Usener, Leipzig 1887.

Epicuro. Opere. Introducione, testo critico, traduzione e note di Graziano Arrighetti, Turin 1960.

Corpus Hermeticum, Texte établi par A. D. Nock et traduit par A. J. Festugière, T. I–IV, Paris 1945–1954.

Philodem: ‚Über die Götter' 3. Buch, hgg. von H. Diels, in Abhandlungen der königl. preuß. Akademie der Wissenschaften, Philos.-hist. Klasse 1916, 6.

Philonis Alexandrini opera quae supersunt, ed. L. Cohn, P. Wendland, S. Reiter, H. Leisegang, Vol. I–VII 2, Berlin 1896–1930.

Philostratus. The life of Apollonius of Tyana. With an English translation by F. C. Conybeare. Vol. 1–2, London 1950–1958, in The Loeb Classical Library.

Platonis Opera, rec. brevique adnotatione crit. instr. I. Burnet, Vol. I–V, 6. Aufl. Oxford 1958.

Plotin. Ennéades, texte établi et traduit par Émile Bréhier, T. I–VI 2, 2. Aufl. Paris 1954.

Plutarch. Moralia. With an English translation by C. Babitt, H. Cherniss, W. C. Helmbold, Vol. 1–7; 12, London 1949–1957 (The Loeb Classical library).

Aeliani de natura animalium oaria historia, Porphyrii philosophi de abstinentia et de antro nympharum, Philonis Byzantii de septem orbis spectaculis, rec. R. Hercher, 1858.

Porphyrios. Über Plotins Leben und über die Ordnung seiner Schriften. Text, Übersetzung, Anmerkungen zum Druck besorgt von Walter Marg, in R. Harder, Plotins Schriften V, Hamburg 1958.

Proclus Diadochus. Commentary on the first Alcibiades of Plato. Critical text and Indices by L. G. Westerink, Amsterdam 1954.

Eclogae e Proclo de philosophia Chaldaica sive de doctrina oraculorum Chaldaicorum. Nunc primum ed. et commentatus est A. Jahnius. Accedit hymnus in deum Platonicus, vulgo S. Gregorio Nazianzeno adscriptus, nunc Proclo Platonico vindicatus. Halis Saxonum 1891.

Platonis Parmenides cum quattuor libris prolegomenorum. Accedunt Procli in Parmenidem commentarii editi, cura G. Stallbaum, 1839.

Procli Diadochi in Platonis rem publicam commentarii, ed. W. Kroll, Vol. I–II, Leipzig 1899–1901.

Procli Diadochi in Platonis Timaeum commentarii, ed. E. Diehl, Vol. I–III. Leipzig 1903-1906.

Dodds, E. R.: Proclus. The Elements of Theology. Oxford 1933.

ALLAN, D. J.: Die Philosophie des Aristoteles. Übersetzt und herausgegeben von Paul Wilpert. Hamburg 1955.

ARMSTRONG, A. H.: The Gods in Plato, Plotinus, Epicurus. In Classical Quarterly 32, 1938, S. 190–196.

ARNOU, René, Le désir de Dieu dans la philosophie de Plotin. Paris 1921.

BADEN, H. J.: Das Abenteuer der Wahrheit. Platon. Pascal. Winckelmann. Oetinger. Hamburg 1946.

BEUTLER, Rudolf: Paulys Real-Encyclopädie der Classischen Altertumswissenschaft XXIII 1, 1957, Sp. 186–247, s. v. Proklos.

BOLL, Franz: Vita contemplativa. In Sitzungsberichte der Heidelberger Akademie der Wissenschaften, Philosophisch-Historische Klasse ,1920, 8.

BOVET, Pierre: Le Dieu de Platon d' après l' ordre chronologique des dialogues. Genf 1902.

BRÉHIER, Emile: La Philosophie de Plotin. Nouvelle Edition Paris 1961.

BREMOND, Albert: De l' Ame et de Dieu dans la philosophie de Platon. In Archives de Philosophie II, 1924, 3, S. 24 56.

Ders.: La religion de Platon d' après le Xe livre des Lois. In Recherches de science religieuse XXII, 1932.

BRÖCKER, Walter: Aristoteles. Frankfurt 1935.

CAIRD, Edward: Die Entwicklung der Theologie in der griechischen Philosophie. Autorisierte Übersetzung von Hilmar Wilmanns. Halle 1909.

CAMP, Jean van et CANART, Paul: Le sens du mot ΘΕΙΟΣ chez Platon. In Université de Louvain. Recueil de Travaux d' Histoire et de Philologie 4e Serie, Fascicule 9, 1956.

CASEL, Odo: De philosophorum Graecorum silentio mystico. In Religionsgeschichtliche Versuche und Vorarbeiten 16, 1916/19.

Ders.: Vom heiligen Schweigen. In Benediktinische Monatsschriften 3, 1921, S. 417–425.

Ders.: Die Λογικὴ θυσία der antiken Mystik in christlich-liturgischer Umdeutung. In Jahrbuch für Liturgiewissenschaft IV, 1924, S. 37–47.

CORNFORD, F. M.: Greek religious thought. Cambridge 1923.

Ders.: The „Polytheism" of Plato: An Apology. In Mind 47, 1938, S. 321–330.

Ders.: Principium Sapientiae. The origins of Greek philosophical thought. Cambridge 1952.

CUMONT, Franz: Die orientalischen Religionen im römischen Heidentum. Nach der vierten französischen Auflage unter Zugrundelegung der Übersetzung Gehrichs bearbeitet von August Burckhardt-Brandenberg. Darmstadt 1959.

DIETERICH, Albrecht: Eine Mithrasliturgie. 3. erweiterte Auflage Berlin und Leipzig 1923.

DODDS, E. R.: Proclus. The Elements of Theology. Oxford 1933.

Ders.: The ‚Parmenides' of Plato and the Origin of the Neoplatonic ‚One'. In Classical Quarterly 22, 1928, S. 129–142.

DOHRN, Tobias: Menschen und Götter zur Zeit des Praxiteles. In Gymnasium 58, 1951, S. 227–246.

DÖRRIE, Heinrich: Vom Transzendenten im Mittelplatonismus. In Fondation Hardt V, 1957, S. 193–223 (241).

FEIBLEMAN, James K.: Religious Platonism. Woking and London 1959.

FESTUGIÈRE, A. J.: L' ideal religieux des Grecs et l' Evangile. In Etudes Bibliques 26, 2. Auflage 1932.

Ders.: Epicure et ses Dieux. Paris 1946.

Ders.: Contemplation et vie contemplative selon Platon. 2. Auflage Paris 1950.

FLASHAR, Hellmut: Der Dialog Ion als Zeugnis platonischer Philosophie. In Deutsche Akademie der Wissenschaften zu Berlin, Schriften der Sektion für Altertumswissenschaft 14, 1958.

FRIEDL, A. J.: Die Homerinterpretation des Neuplatonikers Proklos. Dissertation Würzburg 1935.

FRIEDLÄNDER, Paul: Die platonischen Schriften. 1. Periode. 2. Auflage Berlin 1957. 2. und 3. Periode. 2. Auflage Berlin 1960.

GADAMER, H. G.: Plato und die Dichter. In Wissenschaft und Gegenwart 5, 1934.

GAISER, Konrad: Protreptik und Paränese bei Platon. Untersuchungen zur Form des platonischen Dialogs. In Tübinger Beiträge zur Altertumswissenschaft 40, 1959.

GOLDSCHMIDT, Victor: La religion de Platon. Paris 1949.

GÖRGEMANNS, Herwig: Beiträge zur Interpretation von Platons Nomoi. In Zetemata 25, 1960.

GOULD, John: The development of Plato's ethics. Cambridge 1955.

GRESSMANN, Hugo: Die orientalischen Religionen im hellenistisch-römischen Zeitalter. Berlin und Leipzig 1930.

HEILER, Friedrich: Das Gebet. Eine religionsgeschichtliche und religionspsychologische Untersuchung. 2. Auflage München 1920.

Ders.: Der Gottesbegriff der Mystik. In Numen I, 1954, S. 161–183.

HOFFMANN, Ernst: Platonismus und Mystik im Altertum. In Sitzungsberichte der Heidelberger Akademie der Wissenschaften, Philosophisch-Historische Klasse 1934/35, 2.

Ders.: Platon. Eine Einführung in sein Philosophieren. In rowohlts deutsche enzyklopädie, Hamburg 1961.

HOPFNER, Theodor: Orient und griechische Philosophie. In Beihefte zum ‚Alten Orient' 4, 1925.

INGE, W. R.: The Philosophy of Plotinus. 2. Auflage London 1923.

JAEGER, Werner: Aristoteles. Grundlage einer Geschichte seiner Entwicklung. 2. Auflage Berlin 1955.

Ders.: Paideia. Die Formung des griechischen Menschen. Bd. I-III. 4. bzw. 3. Auflage Berlin 1959.

Ders.: Die Theologie der frühen griechischen Denker. Stuttgart 1953.

JONAS, Hans: Gnosis und spätantiker Geist. In Forschungen zur Religion und Literatur des Alten und Neuen Testaments, Teil 1 NF 33, 2. Auflage 1954; Teil 2, 1. Hälfte, NF 35, 1954.

JONG, K. H. E. de: Das antike Mysterienwesen in religionsgeschichtlicher, ethnologischer und psychologischer Beleuchtung. Leiden 1919.

JUSTI, Carl: Winckelmann und seine Zeitgenossen. Herausgegeben von W. Rehm, 5. Auflage Köln 1956.

KERÉNYI, Karl: Die antike Religion. 2. Auflage Düsseldorf/Köln 1952.

KERSCHENSTEINER, Jula: Platon und der Orient. Stuttgart 1945.

KLIBANSKY, Raymond: The Continuity of the Platonic Tradition during the Middle Ages. London 1939.

KOCH, Hugo: Pseudo-Dionysius Areopagita in seinen Beziehungen zum Neuplatonismus und Mysterienwesen. In Forschungen zur christlichen Literatur und Dogmengeschichte I, 2/3, 1900.

KRÄMER, H. J.: Arete bei Platon und Aristoteles. Zum Wesen und zur Geschichte der platonischen Ontologie. In Abhandlungen der Heidelberger Akademie der Wissenschaften, Philosophisch-Historische Klasse 1959, 6.

Ders.: Die Anfänge der Geistmetaphysik in der alten Philosophie. Untersuchungen zur Geschichte des Platonismus zwischen Platon und Plotin. Tübinger Habilitationsschrift 1963.

KRAUS, Walther: Die Auffassung des Dichterberufs im frühen Griechentum. In Wiener Studien 68, 1955, S. 65–87.

KROLL, Josef: Die Lehren des Hermes Trismegistos. In Beiträge zur Geschichte der Philosophie des Mittelalters XII, 2–4, 1914.

KROLL, Wilhelm: De oraculis Chaldaicis. In Breslauer Philologische Abhandlungen VII, 1, 1894.

KRÜGER, Gerhard: Einsicht und Leidenschaft. Das Wesen des platonischen Denkens. 2. Auflage Frankfurt/M. 1948.

LANGEN, August: Der Wortschatz des deutschen Pietismus. Tübingen 1954.

LEISEGANG, Hans: Der heilige Geist. I. Band, 1. Teil, Leipzig/Berlin 1919.

LITSENBURG, P. J. G. M. van: God en het Goddelijke in de Dialogen van Plato. Dissertation Nijmwegen 1955.

MENSCHING, Gustav: Das heilige Schweigen. In Religionsgeschichtliche Versuche und Vorarbeiten 20, 2, 1925/26.

MERKEL, R. F.: Die Mystik im Kulturleben der Völker. Hamburg 1940.

MERKI, Hubert: ΟΜΟΙΩΣΙΣ ΘΕΩ. Von der platonischen Angleichung an Gott zur Gottähnlichkeit bei Gregor von Nyssa. In Paradosis. Beiträge zur Geschichte der altchristlichen Literatur und Theologie VII, 1952.

MERLAN, Philip: Studies in Epicurus and Aristotle. In Klassisch-Philologische Studien 22, 1960.

MORE, P. E.: The religion of Plato. Princeton 1921.

MUELLER, Gerhard: Plato and the Gods. In Philosophical Review 1936, S. 457–472.

OTTO, Rudolf: Das Heilige. Über das Irrationale in der Idee des Göttlichen und sein Verhältnis zum Rationalen. 11. Auflage Stuttgart 1923.

OTTO, Walter F.: Theophania. Der Geist der altgriechischen Religion. In rowohlts deutsche enzyklopädie, Hamburg 1956.

Ders.: Die Gestalt und das Sein. Darmstadt 1955.

PETERSON, Erik: Herkunft und Bedeutung der ΜΟΝΟΣ-ΠΡΟΣ-ΜΟΝΟΝ-Formel bei Plotin. In Philologus 88, 1933, S. 30–41.

PÉTREMENT, Simone: Le Dualisme chez Platon, les Gnostiques et les Manichéens. In Bibliothèque de philosophie contemporaine 26, 1947.

PFISTER, Friedrich: Die Autorität der göttlichen Offenbarung. Glauben und Wissen bei Platon. In Würzburger Jahrbücher 2, 1947, S. 176–188.

POHLENZ, Max: Die Stoa. Geschichte einer geistigen Bewegung. Göttingen 1948/49.

Rexine, J. E.: Religion in Plato and Cicero. New York 1959.

Rich, N. M.: The Platonic Ideas as the Thoughts of God. In Mnemosyne IV, 7, 1954, S. 123–133.

Robin, Léon: La théorie platonicienne de l' amour. Paris 1908.

Rodenwaldt, Gerhart: Θεοὶ ῥεῖα ζώοντες. In Abhandlungen der Preußischen Akademie der Wissenschaften, Philosophisch-Historische Klasse 1943, 13.

Rohde, Erwin: Die Religion der Griechen. In Kleine Schriften II, Tübingen und Leipzig 1901, S. 314–339.

Rosán, L. J.: The Philosophy of Proclus. New York 1949.

Ross, W. D.: Aristotle. 5. Auflage London 1949.

Rutenber, C. G.: The Doctrine of the Imitation of God in Plato. Dissertation University of Pennsylvania 1946.

Schadewaldt, Wolfgang: Hellas und Hesperien. Gesammelte Schriften zur Antike und zur neueren Literatur. Unter Mitarbeit von Klaus Bartels herausgegeben von Ernst Zinn. Zürich und Stuttgart 1960.

Schaerer, René: A propos du ‚Timée‘ et du ‚Critias‘. Est-il plus difficile de parler des Dieux ou des hommes? In Revue des Etudes Greques 43, 1930, S. 26–35.

Schefold, Karl: Griechische Kunst als religiöses Phänomen. In rowohlts deutsche enzyklopädie, Hamburg 1959.

Schmid, Wolfgang: Götter und Menschen in der Theologie Epikurs. In Rheinisches Museum 94, 1951, S. 97–156.

Schmidt, Henricus: Veteres philosophi quomodo iudicaverint de precibus. In Religionsgeschichtliche Versuche und Vorarbeiten 4, 1907/08.

Schweitzer, Bernhard: Platon und die bildende Kunst der Griechen. Tübingen 1953.

Siegfried, Carl: Philon von Alexandria als Ausleger des Alten Testaments. Leipzig 1875.

Solmsen, Friedrich: Plato's Theology. In Cornell Studies in Classical Philology 27, 1942.

Taylor, A. E.: Platonism and its Influence. In Our Debt to Greece and Rome 1924, S. 97–132.

Ders.: The Polytheism of Plato. An Apologia. In Mind 47, 1938, S. 180.

Theiler, Willy: Die Vorbereitung des Neuplatonismus. In Problemata I, 1930.

Ders.: Gott und die Seele im kaiserzeitlichen Denken. In Fondation Hardt III, 1955, S. 65–94.

Ders.: Plotin zwischen Platon und Stoa. Fondation Hardt V, 1957, S. 63–86 (103).

Titius, Arthur: Platos Gottesgedanke und Theodizee. In Festschrift Seeberg I, Leipzig 1929, S. 141–162.

Trouillard, Jean: La purification plotinienne. Paris 1955.

Verdenius, W. J.: Platons Gottesbegriff. In Fondation Hardt I, 1954, S. 241–283 (292).

Vogel, C. J. de: Examen critique de l'interpretation traditionelle du Platonisme. In Revue de Metaphysique et de Morale 56, 3, 1951.

Ders.: A la recherche des étapes précises entre Platon et le Neoplatonisme. In Mnemosyne IV, 7, 1954, S. 111–122.

Ders.: On the Neoplatonic Character of Platonism and the Platonic Character of Neoplatonism. In Mind LXII, 1953, S. 43–64.

Webster, T. B. L.: Art and Literature in Fourth Century Athens. London 1956.

Winckelmann, J. J.: Geschichte der Kunst des Altertums. Herausgegeben von L. Goldscheider, Wien 1934.

Ders.: Kleine Schriften und Briefe. Auswahl, Einleitung und Anmerkungen von W. Senft. Weimar 1960.

Witt, R. E.: Plotinus and Poseidonius. In Classical Quarterly 24, 1930, S. 198–207.

Wolf, Josef: Der Gottesbegriff Plotins. Dissertation Freiburg 1927.

Wolfson, H. A.: Philo. Foundation of religious Philosophy in Judaism, Christianity and Islam. Cambridge/Massachusetts 1948.

Weitere Literaturangaben finden sich jeweils in den Anmerkungen.

65.